"三区三州"

旅游规划扶贫公益行动优秀规划案例选编

文化和旅游部资源开发司 编

中国旅游出版社

前　言

"实践证明，深度贫困并不可怕。只要高度重视，思路对头，措施得力，工作扎实，深度贫困是完全可以战胜的。"

——习近平

西藏自治区、四省藏区、南疆四地州和四川凉山州、云南怒江州、甘肃临夏州（以下简称"三区三州"）深度贫困区共有 24 个市州、209 个县，总面积 289.97 万平方公里，占全国国土面积的 30.2%；人口 2587 万，占全国总人口的 1.9%，其中少数民族人口 1963.14 万，占"三区三州"人口总量的 75.88%。2016 年年底，"三区三州"共有建档立卡贫困人口 318.54 万人，占全国贫困人口总量的 8.2%，贫困发生率约为 16.69%，相当于全国平均水平的 3.7 倍[①]。"三区三州"80% 以上区域位于全球海拔最高、面积最大、素有"世界屋脊"和"第三极"之称的青藏高原区，区域自然条件差、经济基础弱、贫困程度深。同时，"三区三州"地区也是全球最为壮美、神圣的自然人文景观和旅游资源富集区之一，是世界级的旅游目的地。

---

① 参见全国政协调研组：《"三区三州"精准扶贫的问题和建议》，《减贫与发展研究》2017 年第 2 期。

"三区三州"
旅游规划扶贫公益行动优秀规划案例选编

为深入贯彻习近平总书记关于扶贫工作重要指示精神，全面落实《中共中央 国务院关于打赢脱贫攻坚战三年行动的指导意见》和《关于支持深度贫困地区脱贫攻坚的实施意见》，充分挖掘"三区三州"旅游资源潜力，不断创新和完善智力扶贫方式，更好地发挥旅游规划的引领作用，切实推动"三区三州"旅游发展，文化和旅游部于2018年启动了"三区三州"深度贫困地区旅游规划扶贫公益行动，并于近期圆满完成既定任务，成功组织148家旅游规划设计单位免费为"三区三州"240个重点贫困村编制旅游规划，有效助力贫困村梳理旅游资源、明确发展思路、搭建合作渠道，带动沿线更多贫困地区和贫困人口通过参与旅游、发展旅游来促进脱贫致富。

此次公益行动按照"中央统筹、省负总责、市县抓落实"的工作机制，各级各部门各单位上下联动、内外协同。北京、上海、山东、江苏、浙江、广东、四川、云南等省（市）文化和旅游主管部门，积极动员组织本区域内旅游规划单位参与公益行动，督促旅游规划单位组织专业团队，按照实事求是、因地制宜、精准扶贫原则开展规划编制工作，强调扶贫的针对性、项目的落地实施和对帮扶村旅游发展的实际指导，鼓励旅游规划单位与帮扶村建立长期帮扶关系。各旅游规划单位积极参与、及时进驻，开展规划编制资料收集、现场调研、专家研讨等工作，保质保量形成规划编制成果。相关市县旅游主管部门和帮扶村积极配合，主动沟通对接，确保了旅游规划编制工作的顺利完成。

为总结此次公益行动经验，对先进典型和经验进行宣传推广，2019年7月，文化和旅游部资源开发司面向受援省份征集了一批本轮公益行动优秀规划案例，经过地方申报、专家评议等程序，遴选出20个典型案例，编辑形成《"三区三州"旅游规划扶贫公益行动优秀规划案例选编》一书。为加强案例选编的实用性和指导性，本书收集的案例涵盖了"三区三州"乡村旅游基础设施建设、乡村旅游与相关产业融合发展、建立合理有效利益分享机制、引导社会资本参与乡村旅游开发建设等方面的先进做法和创新设计，希望能够在脱贫攻坚战略深

前 言

入推进，乡村旅游提质升级发展的关键时期，为广大扶贫干部和乡村旅游从业者、管理者和研究者，提供有益的参考和借鉴。

编写组

2019 年 11 月 5 日

目 录
CONTENTS

四川

阿坝州大录乡旅游扶贫规划案例 / 1

甘孜州左比村旅游扶贫规划案例 / 10

凉山州谷莫村旅游扶贫规划案例 / 23

云南

怒江州茨楞村旅游扶贫规划案例 / 37

迪庆州汤堆村旅游扶贫规划案例 / 48

怒江州中元村旅游扶贫规划案例 / 61

西藏

林芝市梦扎村旅游扶贫规划案例 / 69

阿里地区香孜村旅游扶贫规划案例 / 79

昌都市觉龙村旅游扶贫规划案例 / 100

甘肃

甘南州仁占道村旅游扶贫规划案例 / 110

"三区三州"
旅游规划扶贫公益行动优秀规划案例选编

临夏州河沿村旅游扶贫规划案例　　　　　　　　　　　　　　/ 122
临夏州拔字沟村旅游扶贫规划案例　　　　　　　　　　　　　/ 132

青海

黄南州双朋西村旅游扶贫规划案例　　　　　　　　　　　　　/ 143
海东市牙曲滩村旅游扶贫规划案例　　　　　　　　　　　　　/ 156

新疆

阿克苏地区色日克阿热勒村旅游扶贫规划案例　　　　　　　　/ 169
和田地区乌鲁格拜勒村旅游扶贫规划案例　　　　　　　　　　/ 178
喀什地区乌依鲁克村旅游扶贫规划案例　　　　　　　　　　　/ 190
克州皮拉勒村旅游扶贫规划案例　　　　　　　　　　　　　　/ 201
五团（沙河镇）旅游扶贫规划案例　　　　　　　　　　　　　/ 217
第十四师一牧场一连和二二五团拉依苏村旅游扶贫规划案例　　/ 230

阿坝州大录乡旅游扶贫规划案例

四川旅游规划设计研究院

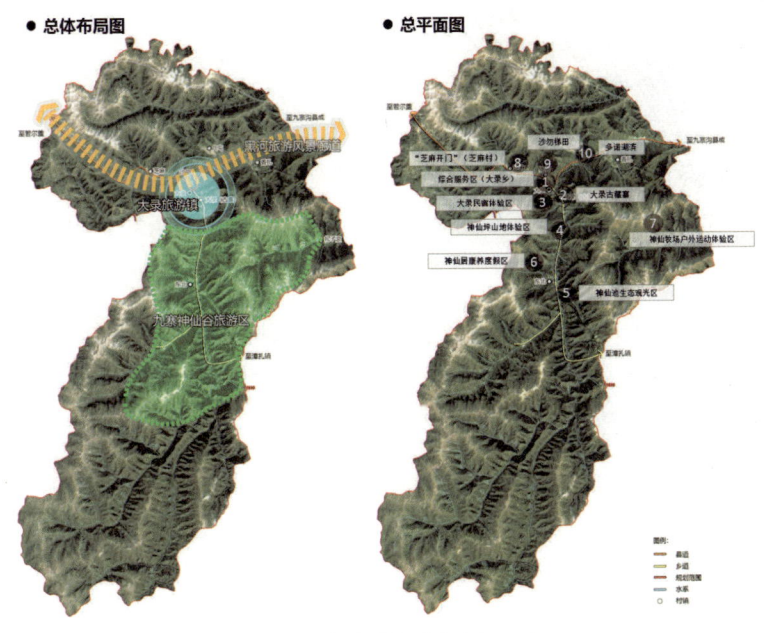

大录乡旅游扶贫规划

一、村情概况

　　大录乡是九寨沟县的西北门户，北邻甘肃省，是连接大草原和大九寨黄金线上的重要节点，处于大九寨世界遗产旅游目的地，距县城、机场较近，但距成都等中心城市较远，且道路等级较低，交通已成为制约其旅游发展的瓶颈，

"三区三州"
旅游规划扶贫公益行动优秀规划案例选编

传统村落风光

目前规划有九若路（九寨沟至若尔盖）、漳大路（漳扎镇至大录乡）两条重要进出通道。大录乡处于岷山山脉北段，高山峡谷多，平均海拔2478米，森林覆盖面积139万亩，据调查有高等植物1200余种，低等植物180余种，另有草场50万亩以上，每个村都建有牧场，养有牦牛、犏牛、黄牛、绵羊、山羊、马等，森林、牧场资源非常丰富。大录乡共辖大录、东北、芝麻、八屯、香扎、沙勿六个村，有582户2838人，居民以藏族为主，占比99%，保留了丰富的藏式建筑以及多种藏文化民俗。全乡是典型的半农半牧地区，主要依靠以家庭为主的传统种植业、养殖业为经济来源，缺乏产业技术升级、转型和农产品销售服务平台的搭建，没有相应的加工业、旅游业来拉动农副产业上档次上规模，致使农户经济基础脆弱，造成农民特别是贫困户持续增收的能力不足，如何利用"文旅+农牧业"实现农牧民增收也成为规划需解决的问题。

大录乡旅游资源类型多样，品质较高，有国家级传统村落古藏寨、风光媲美九寨黄龙的神仙池、以藏族金刚舞、大录寺为代表的非物质文化遗产资源以及以神仙坪为代表的高原牧场生态系统，形成了"媲美世界遗产风光的山地度假环境"与"天人合一的原乡藏寨、原生文化"两大核心旅游吸引力。但全乡基础设施建设滞后，旅游公共服务设施缺乏，旅游产品也仅限于观光类产品，附加值低，旅游效益不明显。

二、规划思路

在全面分析大录乡发展大环境及其自身优劣势后，《九寨沟县大录乡旅游扶贫规划》（以下简称《规划》）提出了紧抓国家扶贫政策、交通突破、自然与人文环境三大优势，以全面建设小康社会为目标，以旅游业为主导实施精准扶贫战略，以打造"九寨神仙谷"为主线，以"生态旅游"与"山地康养农业休闲"为核心旅游发展类型，开发生态观光、户外体验、藏寨文化休闲、山地康养度假四大精品旅游产品，将大录乡打造成为全域九寨门户地、大九寨旅游新亮点、国家特色景观旅游名镇的总体发展思路。《规划》主题定位为以藏族文化为底蕴，以大九寨遗产级生态环境为依托，以山地现代康养农业为特色的山地生态体验旅游目的地，提出"大录古藏寨·九寨神仙谷"的主题形象定位。此外，《规划》还定下了力争3~5年内，将大录村建设成四川省民族旅游扶贫样板村，打造2家国家4A级旅游景区（神仙池景区、大录藏寨景区），打造50个乡村旅游模范户、100家星级农家乐、100名乡村旅游致富带头人，努力实现2018年年底全村贫困人口整体脱贫的总目标。

《规划》综合考虑大录乡区位、地形、海拔等因素以及旅游资源特性，将整个大录乡划分为"一镇一谷一廊"。其中"一镇"为大录旅游镇，以景镇一体的模式联合大录乡场镇和古藏寨进行提升打造，形成以大录乡旅游第一印象展示、旅游接待综合服务、特色小镇商业休闲等功能为一体的藏式风情旅游小镇。镇区建设旅游集散中心，解决综合服务、交通换乘功能，景区主要实现藏寨游览、藏文化体验，主题民宿接待等功能，实现综合服务中心与古藏寨的一体化串联，打造全域九寨的西门户。"一谷"为九寨神仙谷旅游区，以东北村、大录村为核心，以漳大路改造为契机，以神仙池、神仙坪遗产级自然风光以及广阔的森林牧场为依托，串联大录藏寨、神仙坪、东北村、扎子浪等区域，构建以神仙坪山地体验、神仙池生态观光、神仙牧场户外运动、神仙居康养度假为特色的旅游产品体系，打造全域九寨新亮点。"一廊"为黑河旅游风景廊道，依托九若路升级的机遇，以药食同源、药景同构的中草药种植为依托，沿黑河发展现代山地康养农业，打造以山地乡村景观为基础、以乡村康养度假为目标的黑河旅游廊道，建设连接大九寨和大草原的重要景观廊道。

三、主要特点

（一）明确提出以全域旅游视角打造"全域九寨"西门户，实现大录乡跨越式发展

大录乡地处九寨沟县西北角，是九寨沟县最偏远的乡镇之一，长期以来受交通制约，发展相对滞后。因此，规划紧抓九寨沟县旅游由单点单极向多点多极、全域发展的转型，建设"全域九寨"世界休闲度假旅游目的地的历史机遇，立足优质的山水生态本底，挖掘多元复合的文化优势，融入高山峡谷的度假环境，拓展寄托着乡愁的田园藏寨，以全乡的基础设施建设为保障，以旅游业为主导实施精准扶贫战略，以打造"九寨神仙谷"为主线，以"生态旅游"与"山地康养农业休闲"为核心旅游发展类型，在全乡开发生态观光、户外体验、藏寨文化休闲、山地康养度假四大精品旅游产品，力争将大录乡打造成为全域九寨门户地，优化全县旅游供给，助力九寨沟县从"神奇九寨"到"全域九寨"的转型升级和跨越发展。

（二）创新性提出构建景区、社区、产业区"三区融合"，政府、企业、村民"三方共赢"的发展模式，打造民族地区旅游精准扶贫新标杆

规划提出构建景区、社区、产业区"三区融合"发展模式，采用"政府＋企业＋居民"的参与方式，成立各村乡村旅游合作社，遵循"政府引导、企业主体、

市场运作、群众受益"的原则，以"三方共建共享"的模式保障区域的可持续发展。在此模式上规划还提出了五大社区民生保障机制，力求丰富贫困户收入来源：

1. 旅游商品合作

针对区域耕地、牧地出产各类绿色农产品等，村委会组织村民成立种植小组或合作社，企业统一定价收购耕种作物、瓜果蔬菜、牛羊肉类以及制作手工艺术品等，精加工后作为旅游商品销售。

2. 产业工人

依托产业基地有机农业、牧业、林业等产业资源，雇用村民为产业工人，投入整个产业链生产过程中，纳入整个基地的运营管理之中。

3. 旅游服务参与

随着大录乡的旅游开发，带来大量餐饮接待服务工作机会，村民可受雇于开发企业，参与餐饮、民宿、表演、马帮等旅游商业活动中，得到工资收入。在政府允许范围内，还可开发自营旅游商业，产生个体商业利润收入。

4. 原住民生活改善

政府和开发企业对现有村落风貌进行修复整治，保障居民生活安全的同时，在不改变原住民生活习惯的基础上，完善水电基础设施，改造民居外立面，梳理社区景观，整体提升了居民的生活环境。

（三）传承原生藏寨文化，打造民族地区文旅融合发展新典范

规划以文物保护的态度，对传统藏寨分类并采用改造、修复和落架重建等多种方式进行分类指导，充分利用现代工艺和当地材料提升村寨民居、大门、广场、步道、观光平台等的文化性、舒适性和景观性。在保护大录古藏寨原有门窗，屋面，围墙风格的基础上，规划对大录乡其他区域的藏寨进行了以下几项改造：

1. 加大窗面

村寨一层层高多数为2.6~2.8米，门高仅2米，加上窗洞口较小，室内光线较差。通过加宽窗户的改造方式，使得室内光线良好，同时外立面造型更加

符合现代民宿风格。

2. 降低围墙

民居庭院原有围墙较高，人的视线受阻，走在游步道会产生压抑的气氛。通过降低围墙的手法，使整个游步道变得更加通透，游客能直观地观赏庭院，另外栅栏与围墙组合，更能体现原有民族特色。

3. 屋面防水处理

原有屋面用踏板拼接，用石头压住，是当地独特的建筑风格，保留并修补原有踏板屋面，并在屋面下方增设一道柔性防水层，增强屋面防水性能。

4. 地面景观改造

原有地面道路与绿化错综交融，杂乱无章，没有独立感，没有美感。将道

传统藏寨改造

路、地面、绿化，景观水渠分离开，使庭院流线更加清晰，更具有空间层次。

在搭建文化展示体验载体的同时，以"泛博物馆"手法开展藏民家访，藏寨康养民宿，藏银、藏茶、藏乐等丰富多彩的藏族传统民俗业态体验，对当地非物质文化遗产进行活态演绎，走民族文化的"活态传承"之路，创新文旅融合新业态，打造文化氛围浓厚的原生藏寨，衍生多个混合消费的盈利点，为藏寨旅游可持续发展提供精神文化的动力，促进当地文旅融合发展，实现原生藏寨文化的保护与传承。

（四）实施严格的生态保护，打造九寨沟灾后重建"两山理论"的新样板

严格保护生态环境，创新四大理念实现旅游区可持续发展。规划以"以人为本、生态为根、文化为魂、藏民共生"的发展理念对全乡进行绿色开发，充分对接弓杠铃自然保护区规划，将整个规划区划分为一、二、三级保护区，通过严格的保护措施和手段，为区域生态的可持续发展保驾护航。除对生态进行严格保护外，规划对民俗风情与传统文化艺术也提出了保留、分离、提倡等针对性保护措施，通过多种形式积极提倡传统文化中合理的优秀的部分，尽量减少旅游业带来的消极影响。

（五）创新"文旅+农牧业"产业融合模式，打造扶贫增收新亮点

规划提出当地传统农牧业向观光、休闲农业转变的思路，发展观光、休闲、运动旅游产品，推进休闲农牧业主体多元化、业态多样化、设施现代化、发展集聚化和服务规范化，同时保留当地藏族在农牧活动中具有独特的民族习俗，增强藏族农牧文化吸引力。在转变的过程中，结合神仙坪、扎子浪、沙勿、八屯等地广阔的林地、耕地、牧场资源和果蔬、牦牛、藏羊、中藏药材、冷水鱼等特色农牧商品，开发林下养殖体验、户外运动大本营、森林营地、梯田观光、中草药产业园等项目，实现"一产形态、三产功能"的发展目标。依托户外运动大本营、现代农牧业产业

基地、家庭农（牧）场、农牧民专业合作社，使休闲农牧业成为大录乡旅游产业的支柱、农牧民增收的主渠道，缓解当地旅游用地和农牧用地之间的矛盾，真正把绿水青山打造成促进旅游产业发展和带动老百姓增收的金山银山。

四、编制过程

为贯彻落实中共中央办公厅和国务院办公厅《关于支持深度贫困地区脱贫攻坚的实施意见》和中共四川省委、四川省人民政府《关于进一步加快推进深度贫困县脱贫攻坚的意见》的精神，按照原四川省旅发委要求，四川旅游规划设计研究院积极投入全省旅游规划扶贫公益行动当中。在2017年8月8日九寨沟地震后，为助力九寨沟县灾后重建工作及大录乡脱贫工作，四川旅游规划设计院主动承担了编制大录乡旅游扶贫规划的工作，在文化和旅游部办公厅印发的《"三区三州"深度贫困地区旅游公益扶贫规划指南》的指导下，以《旅游规划通则》为总纲，以脱贫奔康为出发点和立足点，结合大录乡脱贫攻坚的实际困难，编制了《规划》。2018年4月至7月，受四川旅游规划设计研究院院长张先智委托，四川旅游规划设计院设计所所长顾相刚先后四次带领课题组前往大录乡进行实地调研考察，在为期11天的走访过程中，课题组身临神秘多彩的高山湖泊，穿越茂密幽深的原始森林，扬鞭广阔无垠的高原牧场，全方位听取了地方政府和各村村民的诉求，力争最大限度地提高《规划》的前瞻性、科学性、落地性以及操作性。经过院审、大纲、初稿多轮汇报交流及修改后，《规划》在2018年8月20日由阿坝州旅发委组织的旅游公益扶贫规划评审会上通过评审，并受到与会专家的一致好评。

五、实施情况

规划编制后，大录乡通过"旅游+"多产业融合发展，采取"专业合作社+农户"、综合开发、整村推进等多种方式，带动贫困人口脱贫，于2018年年底实现了脱贫目标。目前，大录乡依托灾后重建的机遇，依据规划正在抓紧开展交通基础设施建设，规划提升改造的九若路、漳大路，正在加快建设，预计2019年年底能投入使用，届时将有效解决制约大录乡旅游发展的交通瓶颈问题。同时，旅游服务设施及村庄基础设施的提升工作也正在稳步推进中，主要涉及污水排放建设、村容村貌整治、旅游厕所革命等工程，正在实施的有：

（1）国家传统村落大录古藏寨的保护修缮和基础设施提升改造工程，目前古藏寨有藏式木质房屋100余座，一个祥巴文化制作中心也在建设中，正积极创建国家4A级旅游景区。

（2）"厕所革命"工程，按照国家旅游厕所质量等级的划分与评定对各村厕所进行提升改造。

（3）各村河道维修、产业道建设、庆古搬迁地的风貌提升等。

为了实现大录乡旅游的跨越式发展，九寨沟县"筑巢引凤"，开展积极有效的招商工作，目前，引入企业打造四川"美丽川西"九寨大录藏文化国际旅游度假区，度假区内融合大自然、现代设计和藏式建筑特色的酒店建成后，将实现现代康乐设施与藏地文化结合，为游客提供别具特色的山地度假体验。

与此同时，为了给游客提供更加优质的服务，大录乡已形成常态化人才培训机制，将大录乡内文化较高，愿意从事乡村旅游的青年人纳入一对一帮扶培训，目的是实行本土化人才培养以便实现以点带面的目标。此外一些村寨也已开展藏民宿、藏地骑马等旅游活动，当地村民正积极地参与相关培训课程，力争提高旅游服务接待水平。

大录乡，这个神仙眷顾的世外桃源，在不久的将来，一定会在文旅扶贫的道路上华丽登场，在大九寨这方旅游热土上绚丽绽放，张开双臂迎接四海宾朋的到来！

甘孜州左比村旅游扶贫规划案例

四川辰垚景观设计有限公司

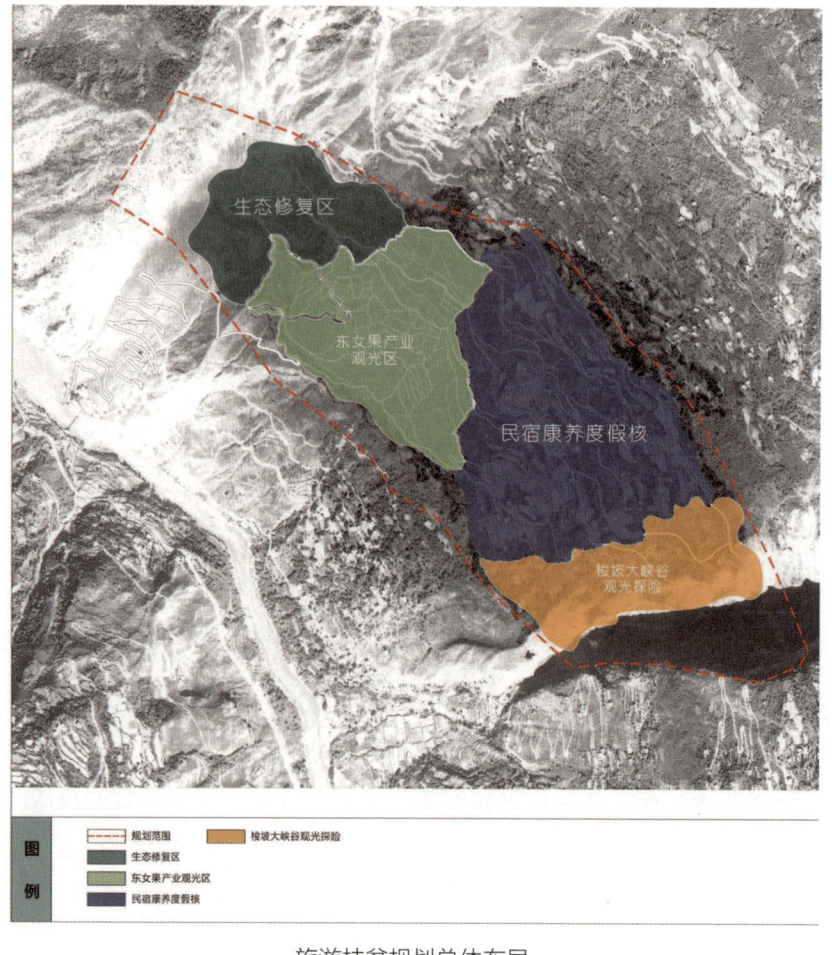

旅游扶贫规划总体布局

四川
甘孜州左比村旅游扶贫规划案例

一、村情概况

左比村，位于丹巴县梭坡乡的东北面，东南与莫洛村接壤，东北与八梭村毗邻；距丹巴县县城——章谷镇8.8公里，梭坡乡乡政府5.8公里，毗邻省道211；村庄现有农户62户，总人口298人，是"三区三州"深度贫困地区240个旅游扶贫重点村之一。

左比村坐拥世界级旅游文化资源——"东女国文化"与"古碉文化"，文化价值极高，其代表性的藏寨古碉景观已进入世界文化遗产预备名单，是藏文化走向世界的窗口。但由于受地理条件的限制，左比村经济条件落后，处于极度贫困区域。作为旅游资源富集、深度贫困的双重叠加区，旅游扶贫是左比村实现脱贫攻坚、增收致富，实现民族团结的必由之路，也是本规划最重要的目标。

二、规划思路

（一）梳脉探源，提取资源特色

规划深入分析了左比村的区位条件、自然地理条件，并梳理其旅游资源，根据《旅游资源分类、调查与评价》（2017），将左比村的旅游资源归为104个资源单体，类型覆盖了国际分类中全部8个主类、23个亚类中的20个、110个基本类型中的59个。并以"高密度、高品位"评价左比村景观要素与特色资源特征，其中文化资源主要为四大文化——东女文化、建筑文化、宗教文化及民俗艺术，自然景观资源主要有古碉群（碉王俄青呷）、梭坡大峡谷、左比藏寨聚落景观、梯田景观、产业园等。

（二）精准识别，把握致贫原因

规划依据左比村村建档立卡数据，对左比村村贫困户和致贫原因进行动态追踪，最终精准识别帮扶贫困户13户（60人），占总户数的20.97%，并按照致贫原因进行细分，明确了大病致贫和缺资金致贫为主因（共11户54人），缺技术为次因（共9户38人），其中因缺劳力致贫的家庭共7户（37人）。

通过进一步的访谈调查，规划深入分析项目地致贫原因，即地理因素导致的孤岛现象明显，人力资本的严重缺乏，基础建设落后、可进入性差，金融资本、物质资本的极度缺乏四个方面。

（三）科学研判，评估市场前景

基于深入的调查和分析，规划对项目地可进入性、产业现状、旅游开发现状进行综合评估，指出左比村目前存在的"外通内塞，制约发展；产业初级，联动不足；旅游起步，要素不足"三大问题，并依据其资源禀赋，提出"品牌引领—项目驱动"发展战略及生态度假、康养度假、户外探险、研学旅游的四大市场发展前景。

（四）立势破局，确定发展方向

规划立足于左比村核心资源的价值分析，把握市场的发展趋势，确定左比村总体定位、形象定位和建设目标：

1. 总体定位

以东女国文化和嘉绒民俗文化为脉络，集藏寨观光、康养度假、文化体验、户外探险于一体的特色乡村旅游目的地，成为大东女国国际度假旅游区的核心区，丹巴县"千碉之国"品牌的亮点，成为扶贫兴藏与民族团结的旅游典范，藏文化走向世界的窗口。

2. 形象定位

以嘉绒文化与生态山水的主题形象为宗旨，基于左比村绝美的自然风光，独特的人文资源，生成两大主题形象口号供选择，可根据不同类型的游客市场旅游需求，以东女文化、古碉藏寨等独具特色的旅游资源要素进行特色主题旅游。

四川

甘孜州左比村旅游扶贫规划案例

形象定位

"千碉之王，寻源东女"：左比村拥有千碉之国最高大的碉王，同时还遗留了上千年的东女遗风，据此以碉王和东女为吸引点，激发游客"寻源、探访"的行动。

"东女王的第一居地"：左比村是东女王孟吉补为了躲避唐、蕃大国之间的战争东迁后的第一居地，东女国从此开始了辉煌腾达。

3. 建设目标从包括分期目前和分项目标

分期目标：近期（2019—2020年）启动扶贫规划，投入扶贫资金，发展产

13

业并加强基础设施建设，为进一步发展旅游打好基础；中期（2021—2022年）重点项目建设完成并投入运营建成4A级旅游景区，成为丹巴重要旅游目的地；远期（2023—2025年）联动梭坡乡，实现梭坡乡旅游产业融合发展与升级，共同建成知名的东女国文化自然旅游目的地。

分项目标：旅游产业的发展将极大促进左比村旅游、经济、社会、生态等全面发展。综合区域交通建设、旅游开发等现状、未来发展趋势、相关规划目标，结合左比村的发展理念与定位，本规划确定如下的发展指标。

旅游产业发展目标	贫困人口目标	人均收入目标
近期：到2020年，村域游客量突破10万人次，旅游总收入2400万元左右。中期：到2022年，村域游客量突破20.62万人次，旅游总收入达到6300万元。远期：到2025年，村域游客量达到30.86万人次，旅游总收入突破13000万元。	近期：到2020年，带动全村贫困人口参与旅游经营，实现13户精准扶贫户，人均年收入达到7500元，超过国家贫困线规定，实现全部脱贫。中期：到2022年，实现贫困户人均年收入达到25000元，达到国家低收入人群标准。远期：到2025年，实现贫困户人均年收入达到50000元，达到小康收入标准。	近期：到2020年，实现全村人口参与旅游经营，人均年收入达到16000元。中期：到2022年，实现旅游业转变成为左比村支柱型产业，旅游收入进一步增加，人均年收入达到40000元。远期：到2025年，实现旅游业的进一步发展，人均年收入达到90000元。

（五）因地制宜，规划创意项目

在明确左比村的主导方向和主题产品后，以土地利用规划的整体指标管控及生态底线的严格落实为基础，规划总体布局和策划设计依托当地环境、体现当地文化、具有市场前景的旅游经营项目、旅游产品，并联动州省，设计科学游线。

1. 规划总体布局：一核·三区

规划以"一核·三区"构建左比村的总体布局。其中，一核是左比村的核心景观区，是古碉藏寨最集中的区域，一核即提托该区域的人文景观资源和自然景观资源，打造民宿康养度假核。三区分别为东女果产业观光区、梭坡大峡谷户外探险区和生态修复区。

2. 主体旅游项目

创意化、差异化的亮点项目是左比村迅速吸引旅游市场客源的关键性内容，也是实现其从众多民族村寨旅游景点中脱颖而出的关键。因此，根据左比村的发展区位、旅游资源基础、客源市场需求、发展目标与定位、市场形象主题等，策划出一系列的重点项目，形成总体布局的承载空间。规划重点通过东女王宫、碉王广场、苏毗藏药庄园、东女果产业园、峡谷探险等20余个旅游项目来加强左比村的吸引力。同时提出民居改造专项方案，提出"微景观+微田园、主题化+互动式，闲置空间再利用"等民居提升方案，切实打造美观与特色兼具的村落景观。

项目布局

3. 旅游产品规划

以资源为依托，以市场为导向，基于效益、突出特色、多样性等原则，规划"一大旅游 IP+ 五大产品体系 + 七大系列商品"的旅游产品开发体系，打造左比村旅游 IP，将"旅游 IP"植入旅游产品设计，开发休闲观光、研学科考、康养度假、户外探险、民俗体验五大产品。

4. 游线规划

将左比村旅游点置于丹巴县、甘孜州、四川省的大区域旅游规划之中，开发出 2 条省域游线（川西旅游大环线、大东女国旅游环线）、3 条州域游线（环贡嘎旅游线、318 景观道、317-214 景观道）、3 条县域游线（人文风情游线、自然生态游线、寻源东女游线），一条村域游线（左比村风情村寨观光之旅）。

（六）审时度势，策划营销活动

突破传统的旅游营销模式结合左比村目前旅游产业现存的市场号召力不强、营销力量分散等问题，通过"品牌引领、精准营销、整合营销"的举措，构建左比村旅游"三位一体"的立体营销模式，明确市场定位，树立文旅品牌。基于 OTA、SNS 社交网、视频自媒体等加强互联网营销，整合现有民俗节庆，打造东女成人礼、金秋葡萄节等十二大节庆，策划"最美藏寨规划师""千碉之国对话千塔之陆""探源女儿国"等事件活动，引爆左比村旅游发展。

（七）精准扶贫，制订专项方案

基于对贫困户的精准识别及致贫原因的深度探究，规划专项扶贫方案。首先，建立"扶贫共同体＋贫困居民参与"模式，促进政府、旅游企业、公益团体、协会组织等多方主体参与，加强群众参与，实现"每家每户一个讲解员、每家每户一个故事、每家每户一个产业"，以股权分红、生态补偿的保障村民收益；其次，创新三大扶贫路径，一是完善基础建设，实施左比村"七改"措施（政府进行公共三改——路线网，居民自愿四改——厕厨圈院），二是加强培训转理念，实施左比村"五培计划"，三是聚力产业扶贫，发展左比村"四大特色产业"（苹果产业、葡萄产业、藏药产业、"椒果菜蔬"庭院经济）；最后，针对13户建档立卡贫苦户，精准到户，策划易于参与、扶贫效果好的旅游业态，运用"景区＋农户""景区＋协会＋农户""协会＋农户"等组织化模式，设计贫困户以劳务、房屋、宅基地、土地承包使用权、技术、资金等投入旅游开发分类指导方案。如针对拥中拉姆家实际情况（缺劳力、缺技术、房屋建筑面积小，耕地林地面积大、有种植核桃经验），可对家中劳动力进行技能培训，女性劳动力可作为主题民宿服务人员，男性劳动力可加入景区产业园的建设以及日常维护，无劳动能力者可接受培训成为古碉或东女国故事讲述者；转让土地承包使用权用于景区规划开发。

（八）健全机制，深化运营管理

规划明确了"政府引导＋村民主导＋协会支持＋企业参与"的旅游运营模式，使政府、企业、村民、协会共同参与旅游运营项目的建设。其中，政府的核心介入阶段集中在规划前期，主要负责公厕、污水处理设施、垃圾收集设施和村庄道路等具有公益属性设施类项目的建设，以及进行初步的立面整治和环境提升；规划在中后期对企业的引入采用"运营＋推广"的思路，部分企业以藏寨观光、研学科考、康养休闲等综合性旅游项目的打造以及餐饮、酒店、民宿等市场属性项目的运营和改造为主，部分企业以产品销售和品牌推广为主；村民则以农田和宅基地等资产的形式参与项目建设，以期旅游带动村寨脱贫，实现政府、村寨、企业、协会的共赢。

三、主要特点

（一）立意高远，打造藏文化走向世界的窗口

规划立足于左比村世界级的旅游文化资源，细分市场，依据游客特征策划

高品位的旅游项目与特色化旅游产品；巧用多元营销手段，打造左比村精品文化资源对话国外高端文化品牌平台，如"东方碉王邂逅比萨斜塔"等活动，推动藏文化走出村寨，走向世界。

（二）三创理念，实现村寨五大转变

规划高度凝练指南要求，并提出左比村旅游规划"三创理念"，即文化有创新，项目有创意，产业有创举。文化有创新，规划基于"东女文化"和"古碉文化"，创新提出"东女王第一居地"及"千碉之王"两大品牌，并延伸出东女演艺、东女宴、东女醉、东女果等文化品牌；项目有创意，规划策划了东女王宫、东女醉酒庄、文创集市、峡谷穿越、热气球等创意项目；产业有创举，基于产业现状，规划藏药、葡萄、苹果等产业园；最终将实现项目区的五大转变——山区变景区、田园变乐园、空气变人气、劳动变运动、农产品变商品。

（三）扶贫为本，匹配村寨实际需求

规划坚持以扶贫为本，从调研期间精准识别贫困户，考察其家庭具体情况，到编制规划期间设计"1+2+3"扶贫体系：一大扶贫模式——"扶贫共同体+贫困居民参与"模式；两大保障机制——群众参与机制、利益保障机制；三大扶贫路径——基础建设七改措施、村寨居民五培计划、四大特色产业培育；再进一步制订专项的民居改造方案及旅游扶贫方案，均以扶贫为目标导向，匹配村寨居民最实际的需求。

（四）情怀为先，致力村寨内涵式再生

规划始终怀揣着尊重文化，因循自然的人文情怀。坚持生态优先，对于生态脆弱区域坚决以生态修复为先，保护"绿山青山"；坚持融于自然，坚决反对上位规划中"玻璃栈道"等破坏生态的旅游项目；坚持文化尊重，在规划中

避免与当地民俗、信仰等文化向背的产品与活动。同时坚持开发与保护并重、特色与主题鲜明，完善左比村旅游文化开发需要调整旅游文化开发的产权结构、构建旅游营销策略、打造旅游文化品牌，致力于实现左比村村寨文化、村寨经济、村寨社会的内涵式再生，实现社会、经济、环境协调发展。

四、编制过程

为贯彻中共中央办公厅和国务院办公厅《关于支持深度贫困地区脱贫攻坚的实施意见》，进一步发挥旅游产业在深度贫困地区脱贫攻坚中的带动和促进作用，国家旅游局、国务院扶贫办于2018年1月印发《关于支持深度贫困地区旅游扶贫行动方案》，聚焦深度贫困地区，从旅游扶贫规划攻坚、旅游基础设施提升、旅游扶贫精品开发等六个方面，切实加大深度贫困地区的旅游扶贫支持力度。其中在旅游规划帮扶方面，国家旅游局宣布启动"三区三州"深度贫困地区旅游规划扶贫公益行动。

辰垚景观积极响应《国家旅游局办公室关于开展"三区三州"深度贫困地区旅游规划扶贫公益行动的通知》的文件精神，在四川省文旅厅统一组织安排下，进行丹巴县左比村旅游扶贫规划的编制工作。

（一）前期调研

找准核心资源，确定比较优势：在前期资料收集的基础上于2019年3月15日至20日进行实地勘查，重点调查了左比村的贫困状况与旅游资源，并访谈多位村民与旅游散客，与当地政府及相关主管部门召开了沟通交流会议，深入分析左比村致贫原因与旅游发展潜力。

（二）编制规划

兼顾科学化与标准化，策划特色旅游项目：基于实地调研与旅游公益扶贫

左比村实景——资源情况调研

规划指南要求，进过多次项目会议讨论，科学分析左比村的旅游发展条件（区位条件、自然地理条件、旅游资源条件）与致贫原因，综合评估左比村旅游资源价值与旅游发展前景；确立左比村旅游发展定位与布局，策划创意旅游项目，并随时与贫困村及其所在地的各级旅游部门积极沟通，广泛征询意见，不断完善规划，于2019年4月10日完成左比村旅游扶贫规划初稿。

（三）规划评议

2019年4月16日于甘孜州文化广播电视和旅游局办公室召开《丹巴县梭坡乡左比村旅游扶贫规划》评审会，会后，四川省文旅厅、甘孜州文旅局及专家组给予了高度评价并一致同意通过左比村旅游扶贫规划。

（四）修改并定稿

根据专家组修改意见，进一步修改文本，并提交最终成果。

五、实施情况

（一）坚持规划引领

规划作为"三区三州"深度贫困地区旅游规划公益行动的重点推进项目，

四川

甘孜州左比村旅游扶贫规划案例

与当地基层领导进行沟通交流

访谈游客及当地村民——贫困状况及旅游发展情况调研

深入民居，访谈当地民宿接待户与贫困户——解析致贫原因

已经被纳入甘孜州人民政府和丹巴县人民政府的文化旅游规划版图之中，于规划通过起正式实施，支持左比村旅游发展。

（二）优化发展环境

丹巴县政府启动了左比村及周围村寨的旅游环境的综合提升工程：①道路交通不断完善，目前从章谷镇到左比村的1条通村公路（5.8公里），已全面硬化；辖区内村组道路共有5条，已全面硬化；62条入户路已全部硬化。②借嘉绒水利工程，左比村人畜饮水工程正实施中，部分已投入使用。③生态保护工程有序推进，丹巴县梭坡乡莫洛片区干旱半干旱生态综合治理项目（面积：800亩），涉及左比村部分已逐步修建灌溉系统、网围栏、后期管护系统等。④旅游标识系统逐步完善，重大交通节点与景观节点标识标牌已完成。⑤服务设施不断完善，步道栈道、观景亭（台）、旅游厕所等建设有序推进。⑥基于"藏羌碉楼与村寨"申报联合国世界遗产工作，丹巴县文管所对左比村现存古碉和藏寨进行了全民的文物普查，加强文物保护工作。左比村旅游环境不断优化，为进一步发展文化旅游做好了良好铺垫。

（三）推进项目建设

根据规划提出的"一核·三区"的总体发展格局，丹巴县政府推进左比村重点项目建设，并进一步引导村民参与农家乐经营、种植景观农作物。目前，热舒波藏家乐和孔阿波民宿接待站已粗具规模，成为丹巴县乡村旅游民居接待示范户；左比村红葡萄庄园作为甘孜州康定红葡萄酒业有限公司酿酒葡萄种植园基地之一，已与四川润通集团签订"公司+基地+标准化+农户"订单生产合同，以保护价或高于市场价收购农户的产品，实行"订单农业"。项目建设不断推进，规划亮点逐步呈现。

凉山州谷莫村旅游扶贫规划案例

成都锦翠文化创意有限公司

无人机航拍

民俗技艺等

一、村情概况

谷莫村位于昭觉县城以南30公里处，面积8.2平方公里，平均海拔2000米。全村151户601人，其中贫困户30户138人。由于受自然地理条件制约和长期

谷莫村地理位置相对偏远，交通条件一般，过境市场规模有限

的发展不足，谷莫村贫困程度深、贫困面广。但经过精准扶贫，村民的积极劳动，多方帮扶，模式创新，贫困现状已得到显著改善，但无论扶贫措施、产业规模，还是内生动力均显虚弱，需要引入新业态来催化。

在脱贫的过程中与广东佛山建立了深厚友谊，并形成了较为稳固的产业持续帮扶关系。

谷莫村资源以自然山林、乡村农业、民俗文化为主要内容，整体资源禀赋不高，与周边区域同质化程度较高。

谷莫村旅游开发处于起步阶段，产品单一（目前仅有简单的农家乐，暂未正式对外开放营业）、景观原始（山地原始未开发，乡村环境原始但不整洁）、设施简陋甚至不足、服务质量不高、体验性较弱等。

四川
凉山州谷莫村旅游扶贫规划案例

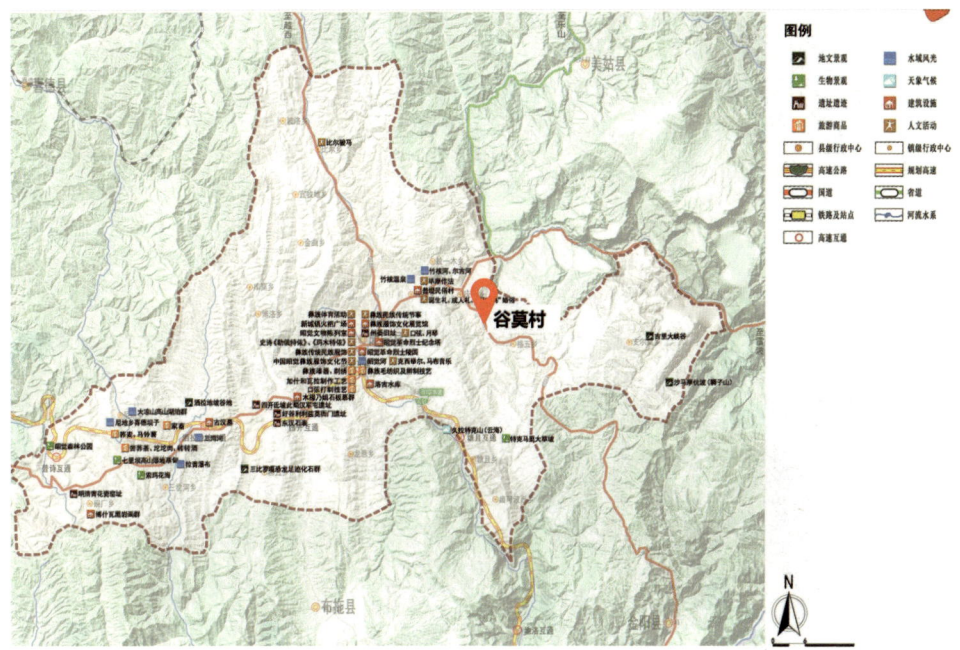

谷莫村并非昭觉县旅游资源富集区，村内旅游资源禀赋一般，没有县级旅游重点资源，也不是昭觉县旅游开发重点区域及重要点位

二、规划思路

（一）宏观背景确定借力突破基本方向

通过政策导向分析、区域旅游市场特点分析、县域旅游发展环境、对接上位规划等，确定项目地旅游借力突破基本方向。

（二）现状分析梳理出具体条件与问题

根据项目地区位环境条件、自然环境条件、贫困状况、产业经济发展情况、公共事业发展情况、基础设施建设情况、旅游发展条件等内容深入分析，找准项目地主要致贫原因和脱贫的关键制约因素，找出项目地发展的具体条件与问题，为明确开发方向、策划项目类型、配套设施规模提供依据。

25

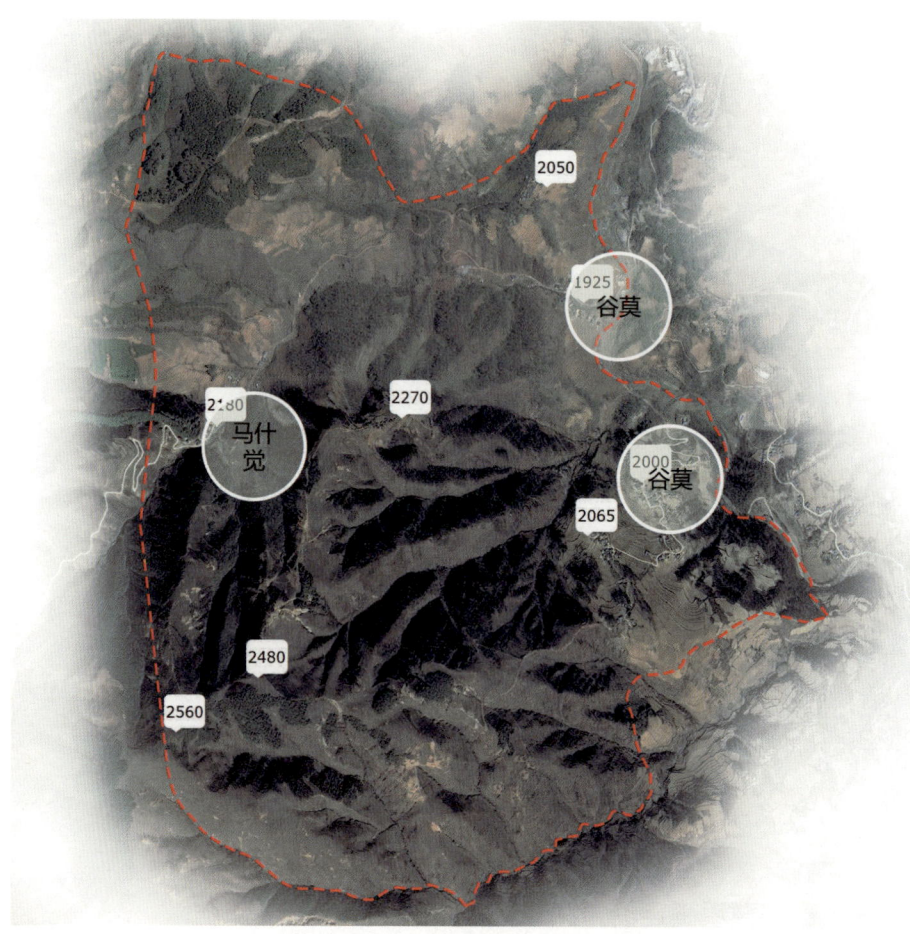

项目地形海拔、耕地分布、村庄格局等

（三）根据现状条件及问题统筹谋划布局

根据基础分析，明确项目地旅游发展具体的主导方向和发展定位，策划项目地能够形成特色吸引的主题性旅游产品。

1. 结合综合分析结论，结合现状实地情况，确定"1+3+4+5+1"的发展思路

贯穿 1 条主线：立足产业、创意创新、共建共享、幸福脱贫、活力新村。

聚焦3个重点：产业支撑、文旅引领、乡村生活。

坚持4种方法：政府引领、社会资金、协会管理、农户参与。

做强5个核心：乡村休闲体验旅游示范村、民俗文化旅游扶贫示范村、户外运动健身旅游示范村、乡村研学旅游示范村、佛谷合作交流示范村。

塑造1品牌形象：昭觉谷莫，凉山新村。

2. 针对现状条件与问题给出发展策略建议

扶贫扶志：扶贫要扶志气，要让贫困地区的人有希望，有目标。

扶贫扶智：通过开发智力，通过人才的培育，通过智能化的发展来扶贫。

扶贫扶制：通过农民的组织，包括合作性的组织，包括外来的组织，实际上解决贫困地区农民的赋权问题。

扶贫扶质：提升生活品质，提升环境品牌，提升农副牧产品品质。

产业支撑：逐步发展现代农副牧业、高效产业，丰富产品类型、一地多用，做精做细，做到极致。

文旅引领："产业+文旅"增加附加值、二次开发；继承发扬民族民俗文化、技艺；资源文旅化，结合新业态打造地方特色产品。

乡村生活：以乡村环境为依托，健全基础设施、服务设施，提升服务质量，结合乡村休闲体验、度假康养等发展趋势，以社区居民参与模式，打造精品乡村旅游产品，让谷莫村更加生活。

3. 结合宏观背景、现状条件、发展思路与策略等，确立景区总体定位

立足谷莫村现状资源、产业、村落发发展条件和村民意向，紧密结合上位规划，以政策及市场为导向，通过整合资源、整合产业、整合空间、整合组织，按照简洁、务实、管用的原则，近期实施四步走，即"一步产业发展，二步完善配套，三步开发旅游，四步产业融合"，以发展产业为基础，完善配套，开展旅游为主要建设项目，从而达到一、二、三产融合互动，形成独具谷莫村特色"乡村生活+旅游服务+全民带动"的旅游发展模式，中期通过自然山林的开发及逐步成熟的乡村业态和产品，完善旅游厕所、标识牌体

系等公共服务体系，打造绿色谷莫、小康谷莫、宜居谷莫、活力谷莫、和谐谷莫，将谷莫村打造成为昭觉县旅游扶贫示范村，昭觉县新业态旅游示范村，昭觉县全域旅游重要节点。

4. 结合现状条件与发展需求，结合发展思路、发展策略及总体定位，确定总体布局与分区

昭觉
- 彝语为妮姆昭觉，意为利利土司的牧场，开阔、高远
- 汉语意为光明、智慧
- 佛教含义为光明普照，众生觉悟

谷莫——村名，同时也是真实自然环境写照
凉山——大区位环境、自然环境背景，凉山范围旅游扶贫开发典型案例
新村——新理念、新模式，新业态，新定位

根据谷莫村资源环境条件、发展现状及旅游业态发展，实施"三心三区"发展格局

三心三区

布局	近期项目	远期项目
游客综合服务区 谷莫村入口门户，建筑相对集中，已有微小型旅游接待服务，在此基础上丰富配套设施及旅游服务功能	谷莫印象中心（游客服务点、文化广场、乡风文明展览馆、乡村自然博物馆、留声馆、传习室、旅游商品小卖部、停车场、旅游厕所、农家乐、小资休闲娱乐等）	游客综合服务中心（单独新建，配套多功能服务）、研学旅游基地（单独新建配套校舍、食堂等）
生产生活体验区 此区域农户村民较多，生产用地集中，闲置鹅圈、特色酒坊、磨坊加地块也较多，通过环境设施整改提升，在此打造生产生活体验项目	乡村休闲中心（民宿露营、乡村动物园、有机果园、鹅圈、特色酒坊、磨坊加工房等） 彝族文创工坊（构建彝族文化交流中心雏形，暂以彝族工坊为主）	农业体验基地（有机农业、设施农业经济果林、林下养殖、林下休闲）、佛谷交流中心（扩大规模，加大深度丰富内容） 乡村康养度假等
山地休闲运动区 充分利用自然山林资源，结合山地旅游新趋势，在此打造山地运动项目	山地运动中心 快乐大本营（野宿露营、花海木屋、草屋部落等丛林探险、山地运动驿站、观景亭台等）	承留式热气球、极限挑战、吊桥、玻璃房、索道、滑道山顶庄园等

总体布局与分区

（四）结合现状及统筹谋划，全面构建设施景观—产品项目—旅游服务体系

1. 项目体系

根据设定的主导方向和主题产品，策划设计依托项目地环境、体现当地文化、具有市场前景的旅游经营项目。

2. 主要产品体系

乡村休闲度假体验产品、民俗文化旅游产品、乡村研学旅游产品、山地体

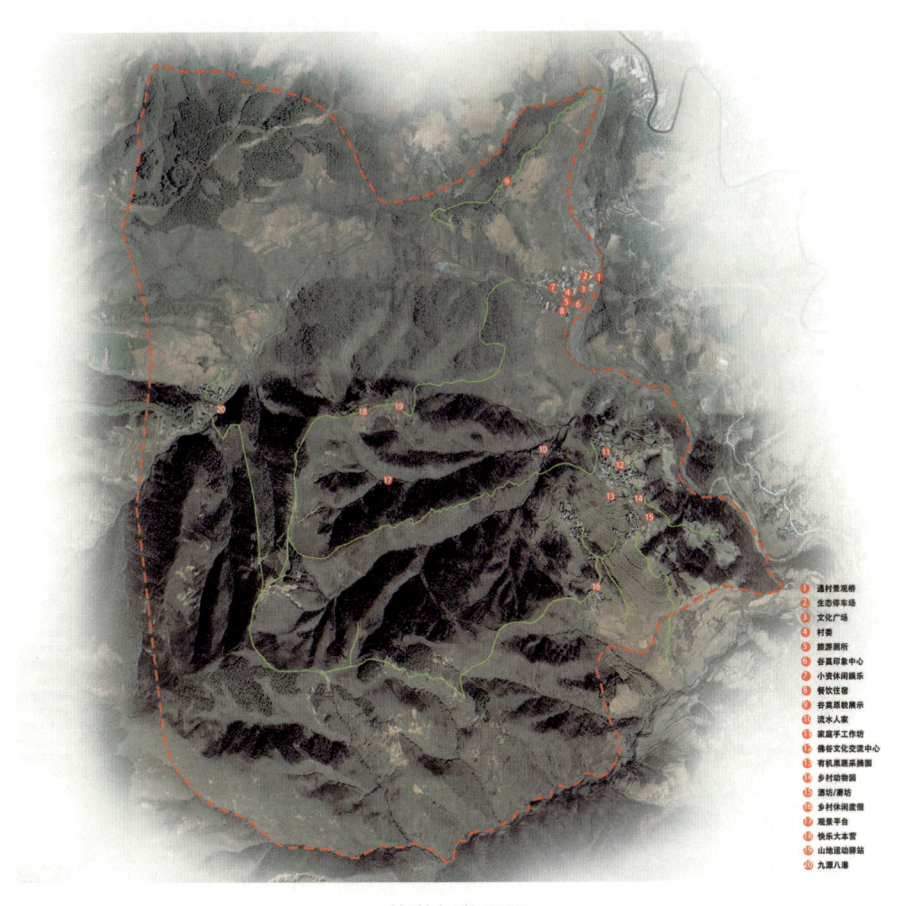

旅游经营项目

育旅游产品。

3. 建筑整改提升工程

针对普通民居与旅游服务的民宿提出相应的整改提升建议要求。

4. 景观环境提升工程

主要针对原生态环境、山地自然环境、村内禽畜放养环境提出提升建议要求。

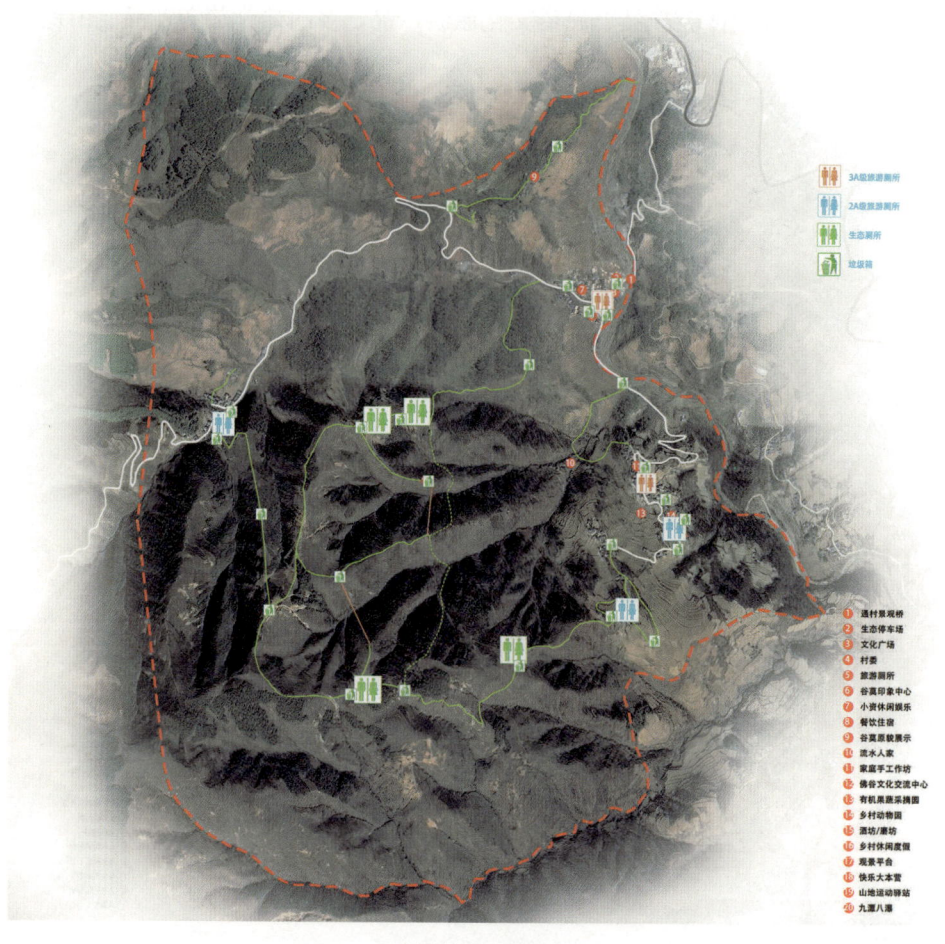

旅游厕所规划

四川
凉山州谷莫村旅游扶贫规划案例

5. 基础设施提升工程

主要针对道路、环卫设施、给排水设施、电力电信设施等基础设施进行系统规划提升。

6. 标准服务提升工程

主要针对旅游公共服务设施（旅游信息服务系统、公共厕所、垃圾处理、座椅、路灯等）、旅游标识系统、旅游住宿、餐饮、购物、娱乐等旅游服务设施做系统规划提升。

图例：
- 医疗服务点
- 餐饮设施
- 购物设施
- 住宿设施
- 娱乐设施
- 游客中心
- 停车场

1. 连村景观桥
2. 生态停车场
3. 文化广场
4. 村委
5. 旅游厕所
6. 谷莫印象中心
7. 小资休闲娱乐
8. 餐饮住宿
9. 谷莫原貌展示
10. 流水人家
11. 家庭手工作坊
12. 傣谷文化交流中心
13. 有机果蔬采摘园
14. 乡村动物园
15. 酒坊/唐坊
16. 乡村休闲度假
17. 观景平台
18. 快乐大本营
19. 山地运动营站
20. 九潭八瀑

服务设施规划

（五）为保障规划的落地实施，为实现规划平稳有效的推进，为实现总体定位与目标，特制定系列有效的保障机制

任务分解监督实施机制、旅游扶贫模范带动机制、脱贫致富持续发展机制、开发模式择优选择机制、整村推进规范运营机制。

三、主要特点

（一）规划分析全面透彻

规划前期准备工作扎实，开篇从宏观政策、文件深入解读，到旅游市场现状及趋势把握，再到县域旅游发展环境研判，再到上位规划对接，多维度，层层递进，最终确定项目地旅游扶贫突破的基本方向。

项目考察细致、信息采集丰富、完整，项目地具体内容分析条理清晰、有理有据，顺势梳理出有利条件与存在问题，对整体特点、重点、难点等概括准确。形成了对前期判断的一个验证，同时也为后面的战略与布局奠定坚实基础。

（二）定位准确、布局合理

规划定位基础工作牢固，深度理解现状条件及发展需求，方法策略针对性强，定位准确。根据发展思路，结合原有村落结构与条件，合理划定分区，以点带面，再全面充实，整体布局合理。

（三）规划内容创意丰富

此规划中许多理念、业态、模式等不仅对项目地及其所处区域来说是创新，同时对于整个市场来说亦是创新，其创新创意点丰富，往往于平凡之处彰显神奇效果，且原理简单易懂、趣味十足。如：

结合乡村小动物与城市居民养宠物习惯，在村内打造猫狗等主题民宿。融合本地民俗及城市游客消费需求,打造小资休闲娱乐项目;为家庭出游配套特色乡村亲子游乐项目等。

为满足民族民宿文化发展需求设立的谷莫印象(留声馆、乡风文明展、传习室等),只需对日常生产生活中的点点滴滴进行采集整理即可,既丰富了游客体验,又是低成本村内文化体系建设项目。

乡村研学基地(乡村树叶馆、乡村种子馆、乡村花草馆、乡村石头馆、户外课堂、自然探索线路等),更是对万物有灵观念的传扬、自然兴趣的培养,更是契合现阶段研学教育的需求,操作简单、内涵丰富。

佛谷交流中心(彝族工坊、佛山工坊、文化交流展示中心)以感恩为出发点,以佛山谷莫情谊为桥梁,以物质、技术、文化等深度互惠交流为目的,与佛山共建共享,又是区域内旅游一大亮点。

针对现状适宜耕地少,提出在生态环保的前提下提高土地利用效率,对现有农业进行逐步改造升级,引进先进设施、技术,以有机生态、高效高产、智慧可追溯等理念进行生产,特色产业做精做细,做到极致,提升产品品质,提升包装内涵,打造地标品牌,等等。

对大面积的地形复杂的山地充分利用,开发打造体育旅游项目,不仅可以大幅扩大可游览范围,丰富游览体验,还可形成远期与周边区域联合发展的重要纽带。

(四)规划内容务实,落地性高

规划内容针对性强,结合实际,仅作必要的产品业态—设施景观—服务质量的提升,未做大投资大建设内容,虽设有核心项目,但均由多个小体量子项目共同构成,单个子项目操作简单、落地性强,且可分期。系统工程项目亦可根据实际情况按游览范围逐步推进。

四、编制过程

（一）积极响应组织号召

为贯彻中共中央办公厅和国务院办公厅《关于支持深度贫困地区脱贫攻坚的实施意见》，进一步发挥旅游产业在深度贫困地区脱贫攻坚中的带动和促进作用，国家旅游局、国务院扶贫办于2018年1月印发《关于支持深度贫困地区旅游扶贫行动方案》，聚焦深度贫困地区，从旅游扶贫规划攻坚、旅游基础设施提升、旅游扶贫精品开发等六个方面，切实加大深度贫困地区的旅游扶贫支持力度。其中在旅游规划帮扶方面，国家旅游局宣布启动"三区三州"深度贫困地区旅游规划扶贫公益行动。

成都锦翠文化创意有限公司自接到四川省文旅厅关于组织旅游规划单位对"三州三区"深度贫困地区进行旅游公益扶贫规划编制倡议后，积极响应组织号召，高度重视倡议工作。

公司组织召开专项研讨会议，在原有旅游公益规划小组的基础上，再次增加人手、优选专家顾问，组建专项旅游规划编制小组。

积极申请工作任务，最终与昭觉县谷莫村结成公益旅游规划帮扶关系。选派代表参加在西昌组织的"三州三区"旅游扶贫对接活动，并现场完成签约仪式。

（二）快速推进项目进度

公益帮扶关系确立后，规划小组针对专项规划召开研讨会，深入讨论每一环节，制订切实有效的工作推进计划。

在实地考察前，做了充分的准备工作，整理形成特点、重点、难点、待定点等系列总结。组织对相关政策梳理及研究讨论，组织对相关案例研究及借鉴讨论，组织对相关上位规划、领导讲话等学习讨论，组织对区域旅游市场做初步分析，组织对区域自然环境、人文历史、社会经济等做初步研判，组织对项目地贫困成因做初步研判，组织观看学习以谷莫村为原型的《索玛花开》电视剧，组织召开项目初步头脑风暴，等等。

通过前期分析研究，项目组制订了详细的考察计划，带着问题开展实地考察，深入座谈交流，形成初步规划思路。根据推进计划及村庄概况，特安排了共 16 人·天的考察行程。考察过程中，第一书记为代表的村委对项目组做了详尽的介绍，项目组走遍了村内每一条能走的、不能走的路，并结合无人机航拍等，对项目地各处场地进行了细致全面的考察记录，项目组对县旅游局、乡镇部门、文化艺人、村委、先锋队、贫困户、旅游开发积极参与者、留守老人儿童等进行了深入的访谈交流，充分了解了各自对于本村产业经济、贫困状况、旅游开发及自家的愿景、难点、意见、注意事项等内容，为规划初稿编制奠定了坚实的基础。

考察结束后，正式启动规划编制工作，经反复研讨，与各方多次电话、电视频会议、QQ 及微信沟通等进行规划思路、规划方案的各方意见征询，最终形成了规划成稿。

五、实施情况

谷莫村"两委"、驻村工作队，根据规划方案，结合产业发展和群众脱贫实际需要，把旅游业作为谷莫村实现持续发展、建设大小凉山彝区乡村振兴示范村的重要抓手，保护传承弘扬彝族民俗文化，着力完善基础设施，美化优化旅游环境，改善提升食、住、行、游、购、娱条件，扶持 11 户贫困户创建省级民宿旅游达标户，力争把谷莫村打造成名副其实的省级旅游扶贫示范村、大凉山彝区乡村旅游示范村。

2017 年，中央电视台、凉山文化广播影视传媒集团有限公司联合出品的脱贫攻坚主题剧《索玛花开》火爆荧屏，描绘了大凉山深处"谷莫村"脱贫历程，展示了凉山脱贫攻坚奋斗史。谷莫村践行"青山绿水就是金山银山"理念，依托《索玛花开》影响力，加强生态品牌建设，注册"谷莫"品牌商标，依托电商平台筹建谷莫村电子商务（网购）中心，力争实现农特产品线上线下销售，引领群众搭乘电商快车。引进龙头企业合作研发"谷莫"苦荞米、苦荞粉、苦荞茶等系列土特产品。开通"谷莫村脱贫攻坚记"微信公众号，宣传推介文化旅游、农特产品、脱贫攻坚动态等资讯，谷莫村开始成为"网红"彝家乡村旅游新村。

国家、省、州领导多次到谷莫村调研指导，对该村脱贫攻坚、文化旅游扶贫工作给予肯定。2018年11月，谷莫村高标准通过贫困村退出州级验收。在2018乡村振兴发展论坛暨中国最美村镇颁奖盛典上，谷莫村荣获"中国最美村镇精准扶贫典范奖"殊荣，成为全国获得该殊荣的四个村之一。

谷莫村，正在打造《索玛花开》现实版。

怒江州茨楞村旅游扶贫规划案例

国家林业和草原局昆明勘察设计院

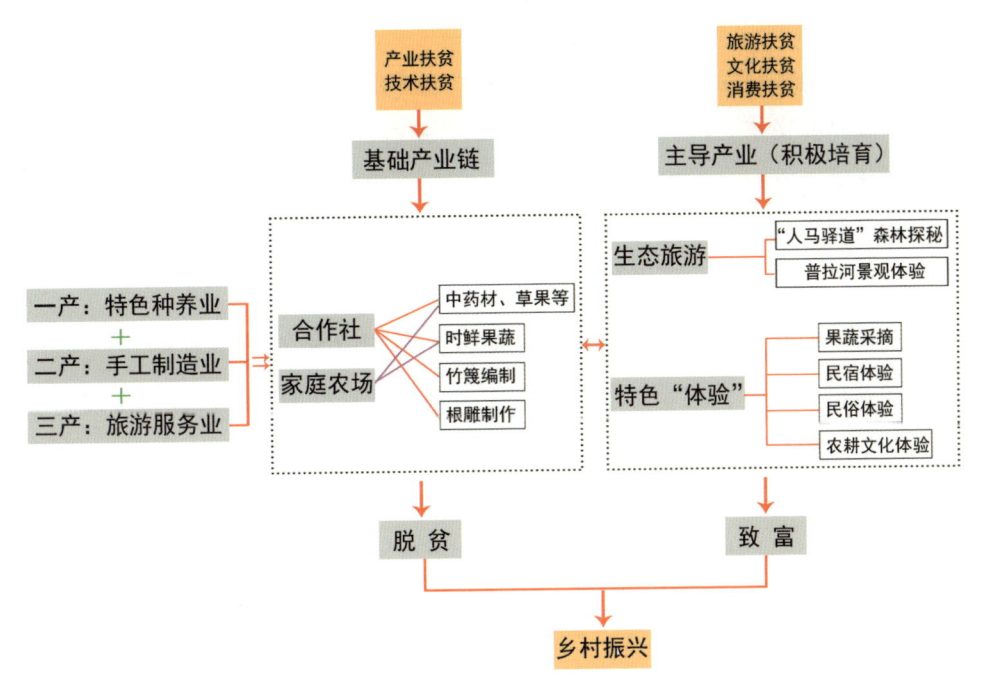

茨楞村扶贫模式示意

一、村情概况

茨楞村位于云南省怒江州贡山县，隶属于茨开镇吉束底村委会，毗邻贡独公路，是贡山进入独龙江的主要马帮通道，是马帮文化第一站、贡山县城的后花园。全村共有56户158人，其中建档立卡户29户79人（截至2017年12月数据）。茨楞村属亚热带半湿润凉冬高原季风气候，气候温凉，农民收入主要以种植业为主，产量低且收入少，截至2017年全村经济总收入120.14万元，人均纯收入7604元。

二、规划思路

（一）规划定位

整合周边旅游资源，挖掘民俗文化和特色产业，发展生态旅游和乡土民宿，打造"人马驿道第一村"的民族特色村落，塑造具有民族传统文化底蕴高品质的度假休闲及原生态、文化体验基地。

（二）村庄扶贫模式选择

茨楞村的扶贫工作是以产业扶贫为手段，依托村庄特有的种植、养殖业，构建起基础产业链，为手工业及旅游服务业奠定良好的基础，也是实现村庄脱贫的原动力。以旅游扶贫为主导，通过旅游服务业的带动，将一产和二产有机衔接，促进"多产融合、三产联动"发展，以"文化扶贫""消费扶贫"理念解决村庄最后的脱贫环节，实现村庄整体脱贫，并为乡村振兴打下坚实的基础。

（三）旅游扶贫模式主导下的村庄规划

基于现状以及对茨楞村调查分析，以尊重村民意愿、发挥村民力量、规划村民参与为第一原则，紧紧围绕中共中央办公厅和国务院办公厅《关于支持深度贫困地区脱贫攻坚的实施意见》和《国家旅游局办公室关于开展"三区三州"深度贫困地区旅游规划扶贫公益行动的通知》，以助力于茨楞村精准脱贫为目标，以发展生态旅游为手段，从延伸村落经济产业链条、改善村庄人居环境、提升村民生活品质、挖掘村庄民族文化特色、整理闲置用地等方面对村庄规划构思如下：

（1）最大限度地保护村庄耕地、林地、河流、河滩地等生态环境资源，挖掘存量建设用地。村庄建设用地主要集中在普拉河两岸河谷地带，耕地与山林相间分布，河流景观及河滩地保存良好，村庄改建、扩建用地应挖掘村内闲置用地，满足村民生产生活需要，不破坏村落生态环境。农户占用基本农田、林地的构筑物、建筑物（4处）应予以拆除，以保持农田及林地景观的完整性。

（2）腾挪易发生地质灾害，有水患的险户用地。针对村庄临靠地质灾害（滑坡、泥石流等）地，河滩地等有水患的险户，规划建议就近搬迁（3处），在村内建设用地范围内利用闲置用地转为宅基地，满足搬迁户建设与居住要求。

（3）传统建筑保护利用与更新改造。村庄内大部分木结构建筑保存良好，有部分建筑需要进行外立面的更新改造。根据怒江州贡山县房屋评定标准，A级为砖混结构，以平屋顶为主，屋面采用钢混结构且有防水保温层，建筑质量良好；B级为砖混结构，以坡屋面为主，但屋面材料以石棉瓦为主，保温及防水性较差，建筑质量一般；C级为砖木或全木结构，屋面采用石棉瓦或石板铺砌，保温及防水性差，建筑质量较差；D级为全木结构，屋面以石棉瓦或石板铺砌为主，但建筑外立面较为破败，建筑基础不稳，绝大部分已评定为危房，建筑质量很差。

A级、B级农宅建筑质量较好，但建筑风貌有别于村内整体风格，对已有建筑进行外立面更新改造以使其契合整个村庄风貌。C级农宅建筑质量一般，但建筑传统风貌保存良好，应以此类建筑为主体，进行外立面的修缮及屋面统一改造，以保留村庄的原始风貌。D级农宅建筑质量差，特别是建档立卡户的房屋基本属于危房，应予以拆除并原址重建。重建与新建建筑以B级建筑为准，保存并延续傈僳族特有的聚落景观。

（4）迁建禽畜棚、圈，营造宜居宜游的人居环境。从村庄居住环境以及未来旅游发展需要考量，同时有利于普拉河水生环境保护的要求，迁建所有临靠村庄干道、临河而建的家禽、牲畜棚、圈，于村庄相对僻静且保持一定距离的地方集中安置，形成村内集中养殖场所。根据现场调研及村民交流情况，集中养殖场地位于村庄西北山腰处，在原有的荒地基础上进行建设。保留部分村内家禽、牲畜养殖，以有意愿发展生态旅游的农户为主，吃农家菜、住僳僳木楞屋，助力于乡村旅游发展。

（5）产业用地置换。依据调研情况并结合村民意愿，以建档立卡户和有极大意愿将宅基地作为产业发展用地的宅院优先预留为旅游服务产业用地。部分农户通过土地流转方式，将宅院或农田交由村集体集中管理和经营，提高土地的经济效益并增加农民的经济收入。

（6）增加公用设施用地，满足村民生产生活及旅游发展的需要。结合村庄实际情况以及未来旅游发展的要求，增加民族文化广场、村委会办公用房、停

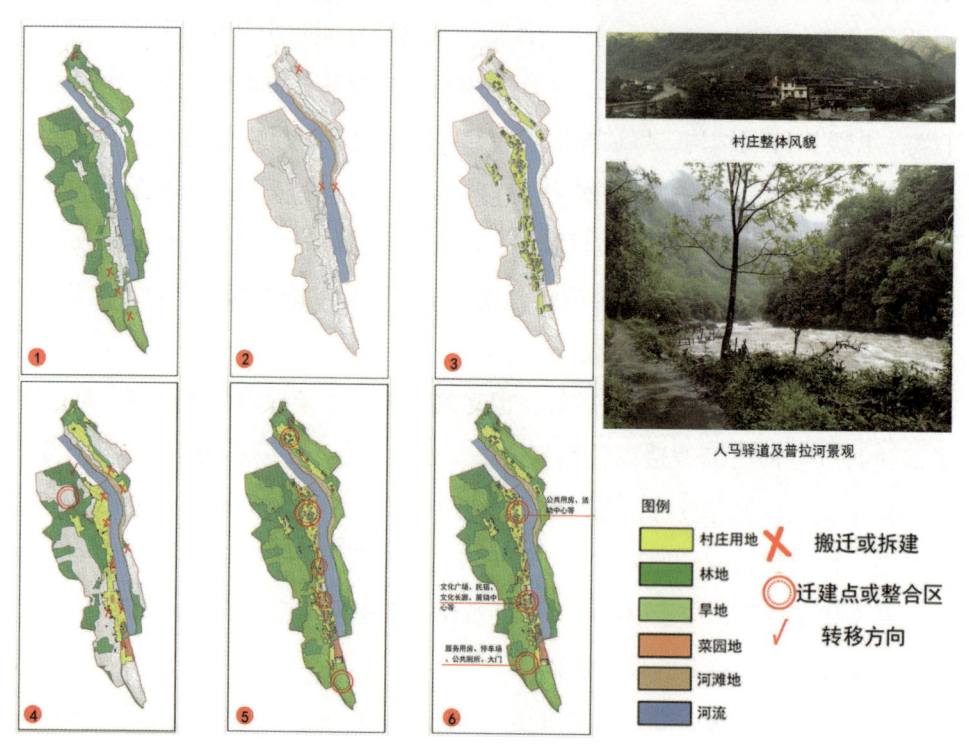

茨楞村规划方案构思

云南

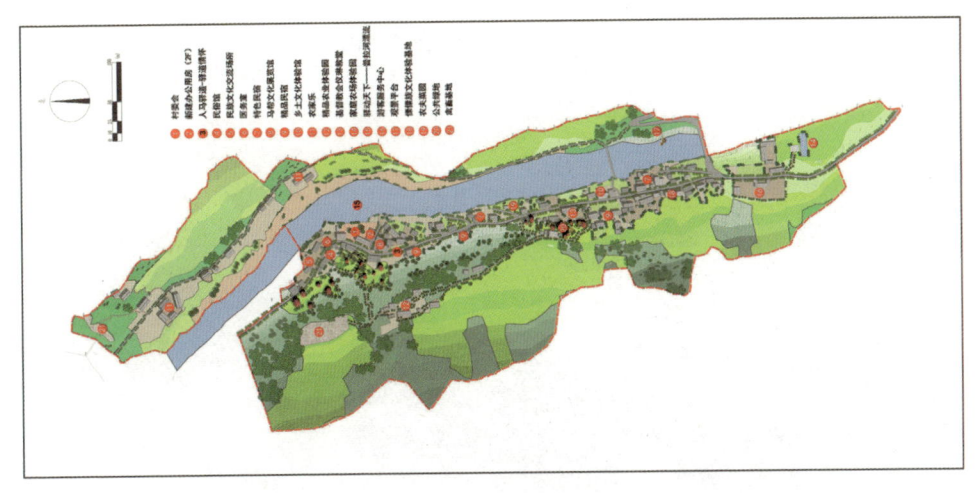

怒江州茨楞村旅游扶贫规划案例

总平面规划

车场、旅游服务用房及其他设施用房、公共厕所、配套水利电信等设施，完善村庄基本服务及旅游接待能力。

（7）加强村民素质提升，构建村庄产业体系。依托人马驿道、普拉河景观，开发户外徒步旅行体验活动，走进人马驿道文化，打造"户外休闲体验游"；加强村民种、养技术培训，通过建立联合农场，以"合作社+"或"公司+"形式开展生产经营活动，实现农业生产与体验观光一体化新模式，发展"农业观光体验游"；加强对"人马驿道"文化的深度发掘，通过人马驿道文化展览馆等形式留存历史记忆，进一步延续其空间历史文脉。保留村民最原始的生活空间与生活场景，以作为乡村文化主题展览窗口，展现乡风民俗的古朴、醇厚之美，发展"乡土文化体验游"；拓展小型会议、运动康养等休闲娱乐和交流空间，激发乡村旅游发展活力，实现多元化综合发展，发展"生态康养度假游"。

三、主要特点

（1）茨楞村基础条件良好，当前主要面临发展提升与产业转型，以实现扶贫与脱贫。茨楞村的本底资源条件良好，但产业发展仍然滞后，基础设施无法

41

村庄效果示意

满足村民生产生活的需要。从村民从业情况和收入水平来看仍然偏低，村内贫困户较多，村庄青壮年劳动力流失等问题仍然存在，产业发展需求紧迫。大部分村民都希望通过村庄土地流转、传统产业提升和旅游产业发展来解决就业问题，并提升生活水平，进而实现茨楞村的精准脱贫。

（2）村庄发展优势与制约并存，需依托自身发展条件遴选产业类型，彰显村庄特色。茨楞村具备优越的自然环境、民族文化等资源优势，但同时面临着用地资源、产业发展、自身动力等方面的制约，因此对乡村未来产业的选择必须与资源本底条件相匹配，综合判断，茨楞村适宜发展小而精品产业模式，以"人马驿道"为主线打造"人马驿道第一村"，发展旅游相关产品，挖掘民族文化、历史人文信息，提升村落旅游与产业发展层次，同时控制居民和游客数量，彰显生态环境与文化特色。

（3）村庄发展面临多元主体利益诉求，应以村民利益为本，实现统筹协调。茨楞村区位优势明显，本底条件良好，多元的利益主体对村庄发展具有不同诉求，成为影响村庄发展的外界动力，村民尤其是村内贫困户在各方利益协调处于弱势地位。如何充分利用外界动力，保障村民的根本利益、协调各方需求，成为当前村庄发展面临的核心问题。

（4）小规模渐进式改造模式值得延续，并提升相应服务设施建设水平，以满足村民生产生活以及旅游发展的需要。当前外界因素影响下的小规模渐进式改造模式不仅仅保留了村庄的风格特色（如丰正农家小院及建筑的改造），也得到了村民的情感认可，应学习和延续这种改造模式，尊重村庄肌理与环境，预留村庄发展空间，并根据产业发展前景提升村庄设施配置水平。

四、编制过程

（一）项目背景

在国家林业和草原局昆明勘察设计院接到《关于印发云南省2018年深度贫困地区旅游规划扶贫公益行动实施方案的通知》（云旅办发〔2018〕5号）和《关于加快推进旅游扶贫示范村旅游扶贫规划工作的通知》后，迅速成立"旅游扶贫示范村规划小组"，积极研究国家旅游局办公室关于《关于开展"三区三州"深度贫困地区旅游规划扶贫公益行动的通知》（旅办发〔2017〕345号）文件精神，并结合党的十九大以来党和国家对于生态文明建设的不断深入、乡村振兴战略及精准扶贫相关理论与实践研究的成果，结合此次对口帮扶（茨楞）村的实际情况，提出了要立足本底资源，充分发掘生态旅游潜力，激发贫困户内生动力，使村民参与到村庄的建设和发展中来，以实现村庄的整体脱贫并助力乡村振兴，提升村民的归属感、获得感和幸福感。

（二）案例研读

项目组分别从云南泸西山色村村庄规划、南京汤山镇汤家家村村庄规划以及贵州黎平县地扪—登岑侗族传统村落规划研究出发，并结合其他地区精准扶贫的成功经验，从中吸取关于美丽乡村建设、村庄社会经济发展以及实现乡村振兴的规划经验,以对茨楞村旅游扶贫专项规划提供有益的思考。

云南省泸西县向阳乡山色村基础设施和公共服务设施配置不齐全,村民文娱活动匮乏,村庄节点环境较差,村庄发展动力不足,"空心化"现象严重。村庄规划从"构建村庄产业体系""加强特色产业引导"和"提升人居环境质量"来推进"美丽家园"建设,最终通过完善村庄基础设施及市政设施配套,对村庄中心环境改造提升,新建农宅统一布局,以万寿菊特色种植和白彝民族特色农庄形式推进了本村"农旅相促"模式发展。

南京市汤家家村是汤山北部旅游度假区门户节点,旅游区位优势明显。但农业耕地腹地小、村庄内部道路体系不完整、设施配套不齐全、村庄整体风貌无典型特征、公共绿地缺失等问题严重制约了村庄的发展。通过发挥乡村农业、果蔬、草药种植的一产特色与汤山旅游的三产优势,确立"花泉农家,农家花泉"的总体发展战略,打造出南京地区以温泉为特色的美好乡村,使本村人气升温,环境品质得到提升,农民收入增加,农民幸福感增强。

贵州黎平县地扪—登岑侗族传统村落通过保留村寨风貌、承传永续农业、培育特色产业、发展度假旅游等方式实现了村落风貌保存与乡村永续发展共存共融。

(三)规划启示

(1)人居环境整治是基础。通过整治村庄环境,可以为村民生活、生产提供良好的外部条件,从而为村庄旅游发展、产业发展、村庄活力提升奠定良好的基础。

(2)配套设施完善是保障。通过完善教育、医疗、公共活动中心等公共服务设施以及道路、电力电信、给水排水等基础设施,对于提升村庄整体服务能力,保障村庄社会经济发展具有重要的推动作用。

(3)保存村庄风貌是重点。村庄风貌是乡村规划的重点,保存村庄整体风貌并进行改造提升,有助于扩大村庄社会影响力,也是本村发展的特色和优势所在。

（4）产业发展引导是核心。村庄规划的目标是通过科学的规划手段提升村庄的环境质量，引导产业经济发展，从而提高村民的生活水平，提升村民的获得感与幸福感。因此，村庄规划中产业发展引导是实现村民脱贫，促进乡村振兴的核心内容。

（四）实地调研

通过前期的充分准备，项目组于2018年4月17日至28日进驻茨楞村开展为期11天的实地调研活动，通过现场踏勘、村民访谈、村委会座谈、基础资料收集、相关文献查阅等基础调查手段，取得了有关本项目的第一手资料，为后续规划设计的开展奠定了良好的基础。

通过现场调研以及访谈报告、基础资料的整理，总结出茨楞村社会经济发展面临的问题。

（1）村民耕地少，现状产业以传统种植业（草果种植、中药材种植）为主，未形成产业规模化经营，市场竞争力弱，农户经济收入低。

（2）村庄内的基础设施、公共服务设施发展落后，不能满足村民生产、生活需求。主要包括茨楞村至县城道路的拓宽工程、停车场的设置，使村庄与县城联系更为紧密、方便；新建民族文化广场、公共活动中心，增加公共绿地，满足村民日常文娱需求；推进饮用水净化、污水处理、厕所改造和垃圾处理工程项目，改善村庄人居环境；完善医疗服务水平，改、扩建村卫生所。

（3）村民落后的生产、生活方式是造成村内环境污染的一个重要原因，村庄规划与建设应当与村民的生产生活习惯相结合，使传统生活习惯和现代设计手法相融合。

（4）"人马驿道"文化、"红星桥"文化以及傈僳族等民族文化没有进行很好的传承与发展，也没有文化载体存在，渐渐地被人们遗忘并消失。

"三区三州"
旅游规划扶贫公益行动优秀规划案例选编

项目地调研情况

　　以上客观存在的问题导致了茨楞村普遍贫困，加之村民受教育程度低、生产技术落后等主观因素，进一步加剧了村庄的贫穷落后。因此，村庄规划应以产业发展引导为核心，在村庄环境整治、基础设施完善的基础上，充分发掘村庄自然资源与文化底蕴的潜力，推动农民精准脱贫，激发乡村活力，实现乡村振兴，提升村民的幸福感与归属感。

五、实施情况

　　前期规划过程中通过内部讨论、与村民多方交流，几易其稿，在充分尊重村民意愿的基础上最终促进本规划的完成。规划完成后通过专家评审，在充分采纳专家及各部门的建议后，对规划进行了修改调整，使得本规划更契合茨楞村的发展实际。本规划的落地实施，可以解决茨楞村27户建档立卡户脱贫问题，"授之以渔"，并积极参与到村庄建设与发展中去，推进乡村振兴。

46

云南
怒江州茨楞村旅游扶贫规划案例

茨楞村的贫困是多方面因素的结果，实现本村的摘帽脱贫必须牢牢抓紧本地资源优势，发展特色产业，利用特有的"人马驿道"文化、特色的民族风情、保存良好的生态环境推动生态旅游与民俗旅游的发展，通过"体验经济"的模式将传统产业与服务业相结合，延伸农业产业链，拓宽村民就业渠道，在村落风貌、原生环境保存良好的基础上，逐步推进，实现贫困户脱贫以及茨楞村整体致富，探索出一条适合茨楞村自身发展的振兴之路。

迪庆州汤堆村旅游扶贫规划案例

昆明五墨文化传播有限公司

汤堆村全貌

一、村情概况

（一）规划范围

本次规划范围为香格里拉市尼西乡汤满行政村下辖的汤堆村，包含汤堆上、都吉谷和西木谷三个社，总规划面积约 2490 亩，其中以汤堆上社为本次规划的核心区域，规划面积为1142.53亩。

（二）项目基本情况

1. 区位条件

汤堆村隶属于迪庆州香格里拉市尼西乡汤满村委会，位于迪庆州中部，香格里拉市西北部，尼西乡南部。距离村委会10公里，距离尼西乡政府驻地崩书塘8公里，距离香格里拉市区30公里。目前，通往汤堆村的公路主要有国道214线和省道226线（香维公路），道路通达条件较好。

2. 社会经济条件

汤堆村，即汤堆上、西木谷、都吉谷三个社共计面积约2490亩，耕地面积459亩，共有158户800人，其中藏族占98%。2017年，香格里拉市开展贫困对象动态管理工作，对建档立卡户进行重新排查后整个汤堆村还有4户脱贫户17人、3户贫困户14人，2018年贫困户达到脱贫标准，退出建档立卡户。村民的主要经济来源以农作物种植、反季节蔬菜种植、制作黑陶和一年一季采集松茸等野生菌为主，2017年人均年收入约21000元。

3. 产业发展条件

（1）农业产业发展情况：汤堆村主要种植苹果、核桃、油葵、玉米、青稞、小麦、马铃薯等作物和中药材，养殖以土鸡、藏香猪和牛为主。

（2）黑陶产业发展情况：截至2018年，汤堆村全村参与制作黑陶的有92户共112人，其中，国家级非物质文化遗产"藏族黑陶烧制技艺"传承人有1人，省级有1人，市级有5人。全村每年在制作黑陶方面的收入是580万～620万元，其中参与制作黑陶的家庭每年在制作黑陶上的收入为52000～55000元，成为带动当地村民增收致富的重要途径之一。

二、规划思路

（一）发展思路

结合国家实施乡村振兴战略的重要举措，按照《中国农村扶贫开发纲要》《关于支持深度贫困地区旅游扶贫行动方案》《国家旅游局办公室关于开展"三区三州"深度贫困地区旅游规划扶公益行动的通知》《云南省旅游扶贫工作方案》的有关要求，充分发挥汤堆传统村落的藏族民俗文化资源优势和黑陶产业优势，以旅游产业巩固脱贫攻坚成果、实现村民增收致富为出发点，以发展乡村旅游为主要形式，通过整合旅游资源和相关产业要素，实施房屋改造、环境营造、文化保护、旅游发展等工程，不断完善旅游基础服务设施，优化旅游发展环境，丰富旅游产品，将汤堆村打造成为以藏族传统民俗文化和黑陶制作工

土陶制作

烧陶

土陶技艺

土陶制作

艺为核心，集"乡村旅游+文化创意+非物质文化传承与保护"为一体的藏族旅游特色村，云南省少数民族地区旅游扶贫的典型示范，迪庆州的旅游精品。

（二）发展定位

1. 总体定位

将汤堆村建设成为集黑陶文化体验、藏族风情体验、生态农业观光、山地休闲等多功能于一体的民族文化型旅游扶贫村、云南省少数民族地区旅游扶贫的典型示范、迪庆州的旅游精品、香格里拉城市后花园。

2. 形象定位

艺术"陶"源

备选：汤堆"陶"情，千古流传

龙巴古寨现黑陶，世外"陶"源藏家情

3. 产业定位

围绕旅游核心产业和关联的服务产业，构建乡村旅游产业集群，明确旅游业作为汤堆村发展支柱性产业的地位，充分发挥旅游产业"推进器""黏合剂""催化剂"的作用，促进农业及相关产业的转型升级发展。

（三）总体布局与旅游项目规划

1. 总体布局

立足汤堆本身的资源特色、村落空间格局和民居分布情况，结合《迪庆州香格里拉市尼西乡汤堆村中国传统村落乡村旅游概念规划》的空间布局，规划将汤堆村的核心区域，即汤堆上社的乡村旅游空间结构划分为"一心三区"。

（1）一心：汤堆乡村旅游综合服务中心

规划在离主干道最近的村入口打造汤堆乡村旅游的服务接待区，建设游客服务中心、黑陶研究中心等项目，一方面在于对外弘扬宣传藏族黑陶文化，对内强调藏族黑陶文化延续的重要性，另一方面以实现对游客的有序引导和游前了解科普。

（2）三大旅游功能区

①藏文化体验核心区。以民居聚集区为依托，以当地藏族传统文化为核心内容，打造游客体验藏族传统民俗习惯的重点区域。同时将该区域作为本地村民创业区，鼓励和支持村民利用自家房屋或土地建设住宿、餐饮或购物设施，主要承担乡村旅游的功能，如餐饮、客栈等配套服务。

②乡村田园休闲区。依托连片农田，以汤堆村现有的苹果、核桃、油葵、青稞、桃树等种植为基础，加强农旅融合发展，引进油菜、梨、海棠等经济作物，打造大地景观，开展田园观光、绿色生态果蔬采摘体验等活动，使游客深入田间，感受乡村乐趣。

③生态运动拓展区。发挥汤堆村生态环境优势，根据山形地势，修建户外登山步道、生态游步道和休憩点等基础设施，适当开展登山、徒步、露营等户外专项旅游活动，以满足运动爱好者、亲近自然者、积极探索者以及亲子活动等需求。

白塔

2. 重点旅游项目规划

重点旅游项目规划一览

旅游功能分区	重点旅游项目	项目性质
汤堆乡村旅游综合服务中心	游客服务中心	新建
	情舞广场	新建
	黑陶创客基地	新建
	黑陶研究中心	新建
藏文化体验核心区	手工作坊	改造
	主题客栈/民宿	改造
	特色藏家乐	改造
	Mini集市	新建
	水磨房	改造
	陶艺小径	新建
乡村田园休闲区	高原花海	改造
	休闲果园	新建
	四季农庄	新建
生态运动拓展区	乡村运动公园	新建
	乡村露营地	新建
	徒步道	新建

3. 存量改造项目

根据村民的生活居住习惯和旅游市场消费需求，结合旅游项目建设，重点改造三种类型的民居建筑，分别是主题客栈/民宿房屋、特色藏家乐房屋和手工作坊房屋。

三、主要特点

（一）旅游扶贫模式构建

1. 引导社会资本投入

对项目进行筛选分级，制订分阶段的项目开发与投资计划，编制招商手册，有重点地开展招商引资工作，以独资、合资、委托经营或租赁等方式吸引市场主体进入旅游项目的建设、经营和管理。

2. 各级财政资金配套

积极争取国家及省、州、市的财政、金融、贷款贴息支持、专项资金扶持和资金配套、项目补助，以及金融机构的贷款；鼓励农户以土地使用权、固定资产、资金、技术等多种形式入股成立合作社，集中集体资金和个人资金投入乡村旅游发展之中，社员享有薪金、租金、股金等稳定长期的收益回报。

民居

3. 农户参与机制设计

2015年汤堆村精准识别贫困对象有25户建档立卡户，共计131人，占全村总人口的16.38%。2017年香格里拉市开展贫困对象动态管理工作，汤堆村在对建档立卡户进行重新排查后全村还有4户脱贫户17人，3户贫困户14人。到2018年，这些农户达到脱贫标准，全部退出建档立卡户。因此，规划在巩固汤堆村脱贫攻坚的基础上，结合汤堆村未来旅游发展的方向和旅游项目建设，农户可以从旅游中增收致富的途径主要有四条：

（1）将自家闲置的房屋出租给进行旅游开发的"新村民"获得租金。

（2）农户以资金、土地入股合作社或村集体成立的旅游开发公司参与分红。

（3）农户承包合作社指定的旅游项目或活动，或者在引入的旅游项目或合作社项目内打工以获取劳动收入。

（4）农户自己经营餐饮、住宿等项目以获取收入。

4. 开展旅游人才培训

（1）经营管理人员培训。与省内各高校旅游类相关专业合作，专业老师定期进行乡村旅游的培训，邀请村干部和带头人参加学习，互相交流，同时也可以与省内外在资源、主题类似的旅游景区合作，通过"走出去"方式去学习景区资源开发利用或景区管理经验技术。

（2）经营户培训。建议由香格里拉市文旅局和尼西乡政府牵头引进i20青年发展平台、IN公益、爱思青年等社会公益组织，定期开展"汤堆讲堂""汤堆夜校"等常态公益文化活动，为村民提供陶艺工艺品创作、乡村院落改造、大地景观营造、乡村产业发展、农业种植、旅游讲解等培训，也可以通过财政补贴支持相关餐饮、住宿、手工作坊等的经营户外出学习。

（二）产业规划

1. 发展优质种养殖产业

一是依托"尼西苹果"在市场上的品牌影响力，在现有的农业产业规模的基础上，优化作物品种结构，大力发展青稞、马铃薯、玉米、苹果、核桃等优势产业，引进油菜、蚕豆、冬桃等种植项目，打造香格里拉市优势产区；二是大力发展"一猪（藏香猪）一鸡（尼西鸡）"生产，在此基础上，发展林下猪、林下肉牛、林下肉鸡等特色养殖。

2. 发展特色经济作物产业

加强与省内农业科研院所和高校农业专业的合作，积极开展高原蔬菜、食用菌、中药材丰产栽培技术研究，因地制宜发展蔬菜、食用菌、中药材等优势特色产业，同时依托森林资源，积极发展山特产品采集等林下经济产业。

3. 发展劳务产业

统筹使用部门、社会培训资源，以就业创业为导向，让有培训意愿的劳动者至少掌握一项致富技能。对于村内建设的旅游项目，优先安排本村村民就业；吸纳本村村民参与保洁、治安、护路、管水、扶残助残等农村人居环境整治项目建设；建立乡企对接、村企对接机制，及时收集市内和邻近乡镇企业招工信息，筛选适合岗位，帮助村民就近就地就业或季节性打工。

农作物

4. 发展其他特色产业

根据汤堆村的特点和条件，因地制宜发展农村电子商务、休闲农业、乡村旅游、黑陶制作传统手工等产业。

（三）运营管理

1. 整村推进的运营机制

一是让旅游项目设施建设与农村产业化基地建设相融合起来，建设尼西黑陶产业基地，以此为依托，拓展建设手工作坊、创客基地等旅游项目，丰富汤堆村的产业内容，提高乡村旅游产品的品位和档次。二是以国家政策为导向，将旅游项目与农村基础设施、公益设施建设相结合，使每一分钱都能用在更适合的地方，能有效地节省乡村旅游开发过程中不必要的财政开支。

2. 加强安全管理

重点加强滑坡、泥石流、火灾等自然灾害的预防和应对措施；游客在旅游过程中面临的主要安全问题，如登山运动等，还有食物中毒等其他旅游事故的应对措施。

3. 强化市场营销推广

主要包括利用迪庆州各市县地方电视媒体、广播媒体资源以及平面广告等传统媒体进行宣传营销；利用旅游网站、微博、微信、抖音等新媒体进行宣传营销；依托汤堆村黑陶特色资源，举办陶艺手工创意比赛、汤堆乡村旅游文化节、汤堆乡村美食节等主题节庆活动的节事营销；推出汤堆村旅游公益线路或免费为其他企业、机构拍摄公益广告提供场地的公益营销。

4. 科学合理保护控制

（1）村庄保护区划。将汤堆上社的村落空间（包括村落建设用地核心区域、传统民居集中区域、主要景观节点及周边部分用地）划为核心保护区，核心保护区向外划定的区域为建设控制区，其他山体景观、田野景观的生态保护控制区域为环境协调区。

（2）保护内容。①传统风貌保护：主要包括整体景观格局保护、空间肌理保护、建筑风貌保护和名树古木保护。②人文资源保护：注重对当地藏族民俗文化的保护与传承，制订相关奖励办法，鼓励和支持非遗传承人开展传习活动，确保优秀的非物质文化遗产得到继承；组建乡村文艺表演团体，建设民间手工艺作坊，开发文化旅游节庆活动，形成一批地方特色节目，打造民族民俗文化旅游品牌。

四、编制过程

一是前期研究阶段。为做好《香格里拉市尼西乡汤堆村旅游公益扶贫规划》（以下简称《规划》）的编制工作，2018年5月初，规划组结合香格里拉市及尼西乡旅游发展现状，开展了资料收集、案例研究等工作。

二是实地踏勘阶段。为系统做好《规划》的编制工作，规划组在前期研究的基础上，于2018月5月中旬对尼西乡汤堆村进行了全面深入的实地调研，系

传统民居

统掌握了《规划》所需的第一手资料。

三是文稿撰写阶段。在前期研究和实地踏勘的基础上，于2018年6月中旬完成了《规划》（征求意见稿）的编制工作，向尼西乡人民政府提交了征求意见稿，全面收集、整理反馈意见，并对《规划》征求意见稿进行了全面的修改与调整。

四是《规划》审查阶段。在进一步收集与整理相关部门和专家学者对文稿意见和建议的基础上，根据各方面的反馈意见，规划组对文稿进行了进一步的修改和完善，并于2018年9月初通过由原迪庆州旅发委主持召开的《"三区三州"深度贫困地区旅游规划扶贫公益行动20个帮扶村规划》审查会。

五是提交成果阶段。根据审查会与会领导和专家提出的建议和意见，规划组对《规划》进行了修改和完善，于2018年9月下旬向原迪庆州旅发委、尼西乡人民政府提交最终成果。

五、实施情况

据统计，汤堆村共有158户800人，且2015年被纳入建档立卡范围的25户农户已于2018年达到脱贫标准，全部退出建档立卡户。

近几年来，汤堆村在积极引导黑陶产业化、规模化发展的同时，以赏桃花、油葵花、摘苹果等"花果经济"为重点，建设乡村旅游业；以高原雪地上生长的土鸡和洋芋为核心，打造美食汤堆，助力乡村旅游发展；依托传统黑陶制作技艺，扶持村民利用自家民居开设黑陶手工作坊，吸引游客前来体验黑陶制作。2018年更是在巩固汤堆村脱贫攻坚的基础上，依托文化底蕴深厚的黑陶产业，开工建设尼西土陶研展中心。

除此之外，依托黑陶产业，汤堆村已经成立了三个合作社（香格里拉市尼西黑土陶烧制技艺农民专业合作社、香格里拉市陶艺社黑陶制作农民专业合作社和香格里拉市龙霸黑土陶制作农民专业合作社），两个公司（香格里拉县尼

球场

西黑土陶有限责任公司、香格里拉市尼西乡黑陶开发有限责任公司），还成立了以保护和传承为主的尼西黑土陶保护与开发协会。

怒江州中元村旅游扶贫规划案例

昆明鼎豪旅游规划设计有限公司

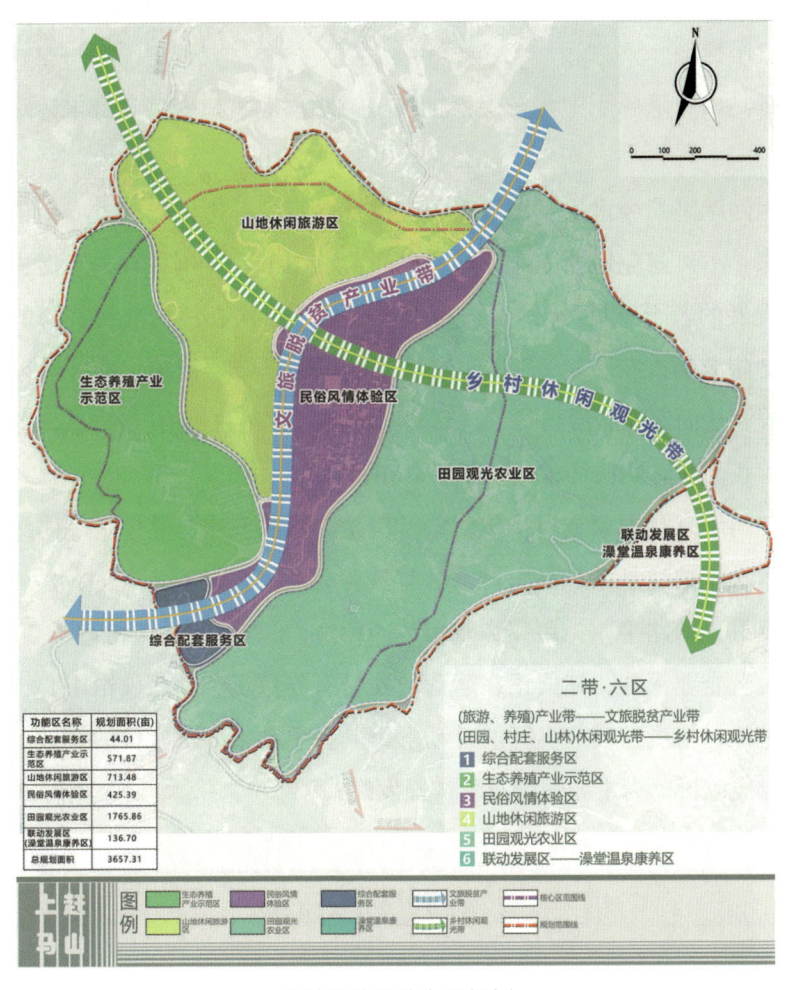

旅游扶贫总体布局规划

一、村情概况

中元村隶属于云南省怒江傈僳族自治州泸水市老窝镇，地处老窝镇东边，东邻云龙县，南邻荣华村，西邻老窝村，北邻崇仁村，到镇道路为柏油路，交通方便。该村下辖喇哈、内甸等14个村民小组。全村国土面积57平方公里，海拔1817米，年平均气温17℃，年降水量1000~1100毫米，适合种植水稻、玉米等农作物。

上赶马山村隶属于中元村委会行政村，距离老窝村委会3公里，距泸水市29公里。

贫困问题是当今世界发展最为关注的社会现象，中国作为世界上最大的发展中国家，不可避免地面临此"难隐之痛"。2014年，《国务院关于促进旅游产业改革发展的若干意见》（国发〔2014〕31号）首次在"精准扶贫"的基础上提出了"旅游精准扶贫"，其强调增强精准识别、精准帮扶、精准管理的动态有机过程，从而实现旅游扶贫"扶真贫""真扶贫"目标的扶贫方式。旅游精准扶贫成为我国新时期扶贫攻坚的新探索和新路径。

怒江州历来是国家重点扶贫对象，也是"三区三州"其中之一的深度贫困地区。本次规划地是上赶马山村，目前具有的优势有以下几点：一是该村的可进入性良好，道路平整，距离泸水市约40分钟车程；二是该村截至2018年已有一家民营企业入驻，建成正在运营的项目有养殖场、商品展销中心，粗具规模；三是该村村民在政府良好的带动下，具备主动去寻求脱贫的突破，未来必将能够形成以村民为主导的产业脱贫开发模式。

二、规划思路

本次规划以习近平新时代中国特色社会主义思想为指导，认真贯彻党中央关于精准扶贫、精准脱贫的重大决策部署，牢固树立"四个意识"，提高政治站位和政治觉悟，切实把思想和行动统一到党中央、国务院和省委、省政府，州委、州政府决策部署上来，统一到市委、市政府工作要求上来，把全面从严治党要求落实到脱贫攻坚各项工作上来。市（县）级以下政府必须牢固树立创新、协调、绿色、开放、共享发展理念，服务全省脱贫攻坚大局，充分发挥旅游产业的综合带动功能，坚持"政府推动、群众为主、精准扶贫、创新驱动、绿色发展"原则，以推进产业脱贫为切入点，以旅游扶贫开发为抓手，以带动贫困群众脱贫致富为目标，实施精准旅游扶贫工程，推进分类旅游扶贫开发，加强旅游配套设施建设，完善旅游扶贫支撑体系，健全旅游扶贫工作机制，进一步加快乡村旅游发展，带动贫困地区和贫困群众脱贫致富，举全市之力坚决打赢深度贫困脱贫攻坚战，闯出一条深度贫困地区跨越发展的路子。

规划提出以"旅游扶贫开发"为抓手、"四个维度"为支撑的发展战略。从传统的村落发展模式来说，均考究的是某一村落单一地追求经济规模的增长，且过度依赖投资拉动，与文化价值、社会价值以及生态价值和利益完全割裂。由于旅游扶贫开发作为发展的前提，而旅游作为综合性产业，因此，就泸水市的旅游扶贫村开发应打破以往单一化模式，构建一种全新的、均衡的、永续的村落整合价值模式。倡导从传统农业思维转变为生产性服务型产业思维、引导旅游六要素聚集，促进跨越式发展、增强当地软性价值吸引、扩大村落对外辐射力的发展路径。

四个维度则强调，一是从产业维度着眼，聚焦发展方式转型，实现上赶马山产业升级。核心问题是通过对上赶马山村落的实地考察，目前村落的发展总体存在农业规模总体偏小，产业层次较低，主导作用不明显，与此同时，服务业发展滞后，几乎没有一家村落民居可提供旅游服务。以生产性服务业促进产业升级，是获得上上赶马山村可持续竞争力的核心；服务业不发达，在可持续化和产业化的发展大环境中，将无法确保上赶马山村的旅游扶贫地位；推进产业结构升级，推进产业化发展是保持上赶马山村在整个泸水市区域竞争力的首要出路。二是从村落维度着眼，促进上赶马山旅游扶贫村的纵深发展。其核心问题是上赶马山村由于长期的贫困现状导致了当地消费能力的不足、公共服务供给滞后：当地村民所享受的公共服务供给能力落后于全省及全国平均水平；村民的人均购买力和消费能力低于全省和全国的平均水平。提升当地旅游服务能力，是决定当地吸引力的关键：传统农业引导的村落发展模式，造成村落整体发展功能和服务水平不高，村落的吸引力及综合能力难以提升，阻碍村落长期发展。构建以上赶马山村为核心的旅游服务平台，推进当地旅游服务能力的提升，是提高当地吸引力，实现其跨越发展的关键因素。三是从生态维度着眼，强调绿色人居环境和生态可持续发展。其核心问题是上赶马山村寨现有民居人居环境整体风貌上来看，以砖混结构为主，突显了当地民族文化特色，但是其房屋周边环境可利用开发土地资源有限，且居民的开发意识较差，所以导致了人文景观差，同时，外围由于坡地地貌的自然灾害和人为砍伐，生态环境保护也迫在眉睫。上赶马山村隶属怒江州，而怒江州的生态环境保护是重点，生态环境保护与产业可持续发展也是该村必须坚守的未来发展的方向和紧迫任务；以当地原生态为载体的景观特征，将是该片区打造可持续发展的必然选择。四是从文化维度着眼，文化的生产性服务化与可消费性。其核心问题是上赶马山村寨作为怒江州历史悠久的白族特色村寨，但是长期以来以白族文化为核心的历史文化因子却不足以推动整个村寨发展，同时，以文化为灵魂的旅游开发在该村目前看来寻无踪迹，旅游消费率和层次极低。上赶马山村的旅游开发应注重历史文化与现代社会经济发展相结合，形成新的内生动力；同时，以文化为内涵的内容创意和文化消费是旅游开发的最重要环节，文化旅游是文化消费最重要的表现方式；提升当地文化价值，增强地区吸引力，需要结合现代消费习惯，超越历史文化厚重，实现文化的多元化与现代化。

通过上述规划分析，上赶马山村以火腿产业为基础，火腿文创、火腿农创为核心，以旅游特色村为依托，围绕火腿产业打造一、二、三产融合发展的顶层规划设计。上赶马山村通过示范基地打造特色农创示范田作为一产核心；依托老窝火腿工坊打造以火腿加工业为主的二产格局；跳出传统思维，构建老窝火腿知名品牌，充分对接旅游、文化、亲子等项目，构建文创、农创、农礼三位一体创意格局，打造滇西火腿文化传播交流中心、乡创火腿产业联盟排头兵，支撑三产，并以白族民俗文化为魂融合互促发展。将上赶马山村打造成为怒江州旅游扶贫"新亮点"。

三、主要特点

（一）区域联动发展格局

规划以整体连片开发为脉络，以上赶马山村为核心，未来将辐射周边村落，形成整个片区的联动开发，因此，本次对村域空间做出了相关梳理，以现有资源为基础，将空间归纳为"四位一体"的发展格局。

一轴·四带·两集群·多产业点：

一轴：城镇村产业联动发展轴；四带：怒江沿线产业聚集带，碧罗雪山旅游产业带，崇仁线联动带，上中沿线联动带；两集群：泸水产业集群，老窝镇产业集群；多产业点：中元村产业点、崇仁村产业点等村落产业节点。

通过"四位一体"的布局，不断深化上赶马山村与周边区域的联动，不断丰富该片区的产品，形成以现有资源为主导的产业项目，形成整个片区的联动开发。

（二）村落总体布局

根据上述对村域的规划发展格局划分，按照旅游精准扶贫发展理念，规整发展路径，延伸产业结构，创新文化元素，完善公共基础服务设施，提升旅游产品体验性和互动性，并强调环境的融合和肌理的延续，提出"两带·六区"的空间结构发展格局。

两带：文旅脱贫产业带、乡村休闲观光带。

六区：综合配套服务区、生态养殖产业示范区、山地休闲旅游区、白族民俗风情体验区、田园观光农业区、联动发展区（澡堂温泉康养区）。

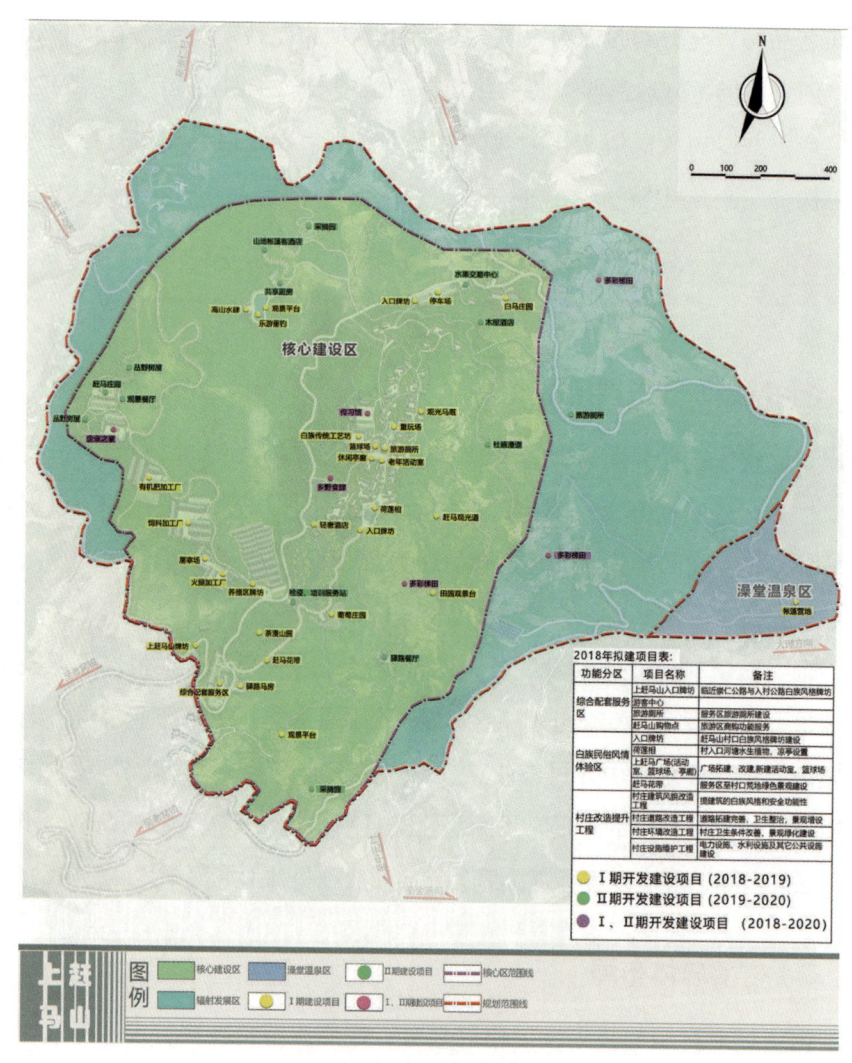

"三区三州"
旅游规划扶贫公益行动优秀规划案例选编

项目分期建设规划

四、编制过程

整个规划设计的编制过程符合国家精准扶贫政策、云南省脱贫攻坚计划以及怒江州脱贫任务安排，在省政府对规划扶贫工作分配安排之后，昆明鼎豪旅游规划设计有限公司组织专业旅游规划师及设计师团队进行为期一周的实地踏勘，对项目地进行多方考察，开展对项目地旅游资源的分类调查与评价，而后与当地政府进行初步磋商沟通，进而对项目地的未来发展做出了重要的研判；待回昆明之后，进行了各个专业所涉及知识的整理，一月有余提交初稿方案；怒江州泸水市组织了一次方案汇报，在各个专家的建议下进行了项目的修改调整后进行定稿。

上赶马山村作为怒江州泸水市第一批重点扶贫村落，是具有代表性的旅游扶贫村落，作为怒江州少数民族的聚集地，其白族历史文化特色悠久，具有一定的产业基础，已经粗具旅游扶贫开发的建设条件。因此，针对乡村旅游扶贫的开发建设，上赶马山村整体上下齐心协力，"政、企、村、民"四方协同合作，鼎力支持国家扶贫攻坚的发展，因此，本次规划强调因地制宜、整体开发的原则，针对未来目标市场人群的定位，本次规划开发主要以"以乡村旅游和民俗文化体验旅游客源市场为目标，以泸水市城市度假游客为关键，重点针对以自驾游的出游方式的游客群"。

五、实施情况

（一）规划引领发展

规划作为怒江州作为"三区三州"深度贫困地区旅游规划公益行动的重点区域，上赶马山村作为州府泸水市的九个重点推进项目之一，是泸水市率先脱贫的代表，于规划通过起正式实施，支持上赶马山村的旅游发展。

（二）创新扶贫模式

1. 产业发展——从传统农业思维转变为生产性服务型产业思维

以泸水市构建的区域产业链关系与区域价值匹配实现产业选择和时序选择，通过战略先导提升区域整体升级，通过核心机制实现区域价值与产业化的互动增进循环。构筑价值整合与提升平台，形成区域综合吸引力，将所有价值要素化，将所有要素产业化，形成单个的区域价值型产业和总体的区域综合价值型产业；区域综合价值产业化的形成，会实现并扩大原有的价值，实现"要素自身再生产"过程，进一步吸引新资源，形成新价值，进入下一个循环。以上赶马山为例，构建生产性服务型产业，以当地资源条件为匹配，打造符合当地经济发展方向与提升可能性的最佳产业方向，是对现有种植业、粗放型加工业等传统产业的延续。

2. 核心手段——引导旅游六要素聚集，促进跨越式发展

基于上赶马山村的区位条件、自然与历史人文资源以及在泸水市内的旅游扶贫村的重点分工角色，通过发展模式创新，引导旅游六要素聚集，驱动上赶马山村新型旅游扶贫化发展、以旅游扶贫产业为先导的精准扶贫提升，最终形成村落的跨越式发展。

3. 路径突破——增强当地软性价值吸引，扩大村落对外辐射力

以生态和文化价值的内涵发掘与利用为核心抓手，提升要素吸引力，以服务和产业为核心抓手，主要针对上赶马山村的白族文化特色以及碧落雪山生态文化特色为核心价值的软实力价值消费，进而扩大上赶马山村对整个中元村片区的辐射及带动作用。

（三）发展定位

上赶马山村以火腿产业为基础，火腿文创、火腿农创为核心，以旅游特色村为依托，围绕火腿产业打造一二三产融合发展的顶层规划设计。上赶马山村通过示范基地打造特色农创示范田作为一产核心；依托老窝火腿工坊打造以火腿加工业为主的二产格局；跳出传统思维，构建老窝火腿知名品牌，充分对接旅游、文化、亲子等项目，构建文创、农创、农礼三位一体创意格局，打造滇西火腿文化传播交流中心、乡创火腿产业联盟排头兵，支撑三产，并以白族民俗文化为魂融合互促发展。将上赶马山村打造成为怒江州旅游扶贫"新亮点"。

林芝市梦扎村旅游扶贫规划案例

广东省旅游发展研究中心

梦扎村木孔组航拍

为认真落实原国家旅游局关于开展"三区三州"深度贫困地区旅游规划扶贫公益行动的工作部署，广东省旅游发展研究中心按照《"三区三州"深度贫困地区旅游公益扶贫规划指南》要求编制了《林芝察隅梦扎村旅游发展规划

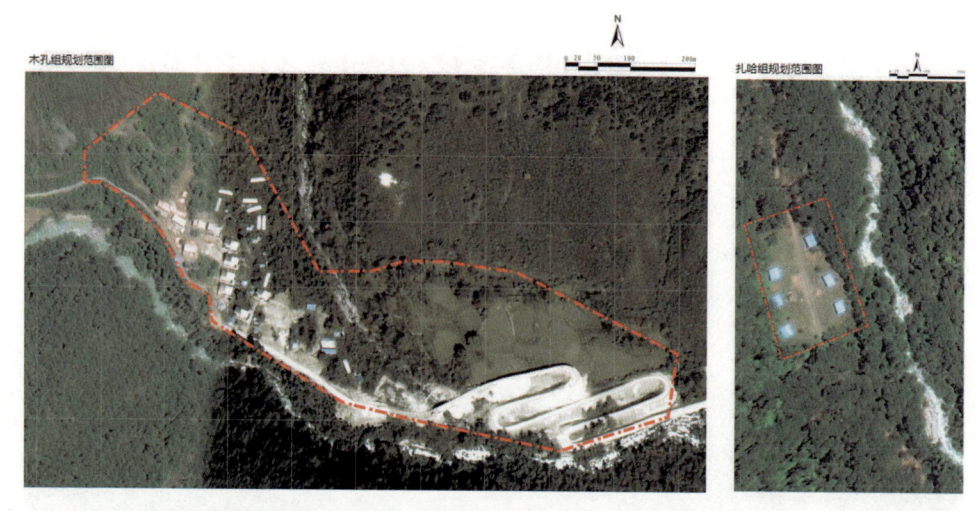

"三区三州"
旅游规划扶贫公益行动优秀规划案例选编

梦扎村卫星影像

（2018—2020）》（以下简称《规划》），以精准扶贫为出发点，以旅游发展为切入点，旨在将梦扎村规划建设成为滇藏新通道上的驿站型藏族民俗文化村，切实推进梦扎村脱贫攻坚，推动梦扎村美丽乡村建设。

一、村情概况

梦扎村是西藏林芝市察隅县察瓦龙乡下辖行政村，由木孔组与扎哈组两个村小组组成，以木孔组为主体，距乡政府33公里，距县城207公里，有"丙察察"公路穿境而过，目前"丙察察"公路为碎砂石路面，整体路况较差，暂不具备大众化的旅游交通条件。

梦扎村位置偏远，交通不便，可用耕地少，劳动力较为缺乏，村子主要以青稞、玉米等农作物种植，猪、羊、鸡、牦牛等畜牧养殖为主，产业基础薄弱，受环境制约大。全村共16户73人，其中劳动力36人，残疾3人，在校学生20人。原有贫困户12户共计52人，其中一般贫困户7户，贫困低保户5户。目前，村子已建有村委办公楼、公共厕所、村民广场、垃圾收集点等公共设施各一处，供电较为稳定，给水水源为山泉水，排水、环卫、电信等设施缺乏。有小部分村户利用自有住房兼营非常简易的家庭旅馆，无集中旅游接待场所与购物场所，村民对旅游发展意愿高。

梦扎村地处让舍曲河谷，属典型的干热河谷型气候，水资源充沛，自然环境优美，村子主要有以木孔雪山为代表的山地景观资源，以让舍曲河谷为代表的水域景观资源，以核桃林为代表的农林资源以及以藏式民居、藏式饮食等为代表的人文旅游资源，但都是遍在性资源，缺少独特的自然景观，文化氛围欠缺，旅游吸引力有限。

二、规划思路

（一）依托"丙察察线"谋发展，打造驿站型藏族民俗文化村

梦扎村是察隅县"丙察察"公路沿线的一个藏族小村落，村容村貌整洁，自然环境良好，但与县域内目若村、日东村等其他旅游村相比，梦扎村旅游资源禀赋一般，整体缺乏旅游兴奋点，村子本身对游客的吸引力非常有限，不具备成为

梦扎村木孔组规划鸟瞰

"三区三州"
旅游规划扶贫公益行动优秀规划案例选编

局部规划效果

旅游目的地的发展条件。梦扎村是"丙察察"公路的必经节点之一,"丙察察"公路是当前国内较为知名的进藏越野自驾旅游线路,是西藏林芝的重点旅游工程,也是梦扎村旅游赖以发展的基础条件。随着"丙察察"滇藏新通道的升级改造,"丙察察"有望成为新的进藏旅游黄金通道,将会为梦扎村旅游开发提供更大的发展新机遇。综合考虑梦扎村的旅游发展条件,《规划》旨在发挥梦扎村作为"丙察察"滇藏新通道过境驿站的地理区位特点,充分借助"丙察察"旅游风景道建设契机,将梦扎村打造成为过境型、驿站型藏文化乡村旅游地。

(二)立足资源本底建配套,构建"山水林田村"立体旅游格局

梦扎村地处让舍曲河谷,山林密布,水资源充沛,有着良好的自然环境本底资源。《规划》以梦扎村良好的自然生态环境为基础,坚持集约利用资源和保护优

化环境，维持梦扎村的乡村肌理和自然格局，适度投入，不作大开发与大建设，注重旅游开发与美丽乡村建设相结合，合理利用山、水、林、田等资源，着重通过环境提升与景观改造，营造与自然生态相融的旅游景观。重点推进民宿升级改造，完善游客服务中心、旅游标识系统、游步道、景观平台等旅游设施配套，在旅游开发中维护村落的人文环境与自然环境，打造自然恬静的乡村旅游地。

（三）完善精准扶贫收益机制，激发旅游发展内生动力

梦扎村村民收入来源主要包括小麦、青稞等农作物种植，养殖畜牧及外出务工等，经济收入渠道有限。通过入户访谈发现，村民对旅游发展的意愿高，但自身技能有限，旅游发展的内生动力不足。《规划》根据梦扎村发展实际，设计了农户的旅游参与机制，梦扎村村民通过参与政府组织的相关培训提升自我服务技能，并通过在旅游服务中心就业，经营民宿、餐饮、土特产与纪念品销

梦扎村旅游标识设计

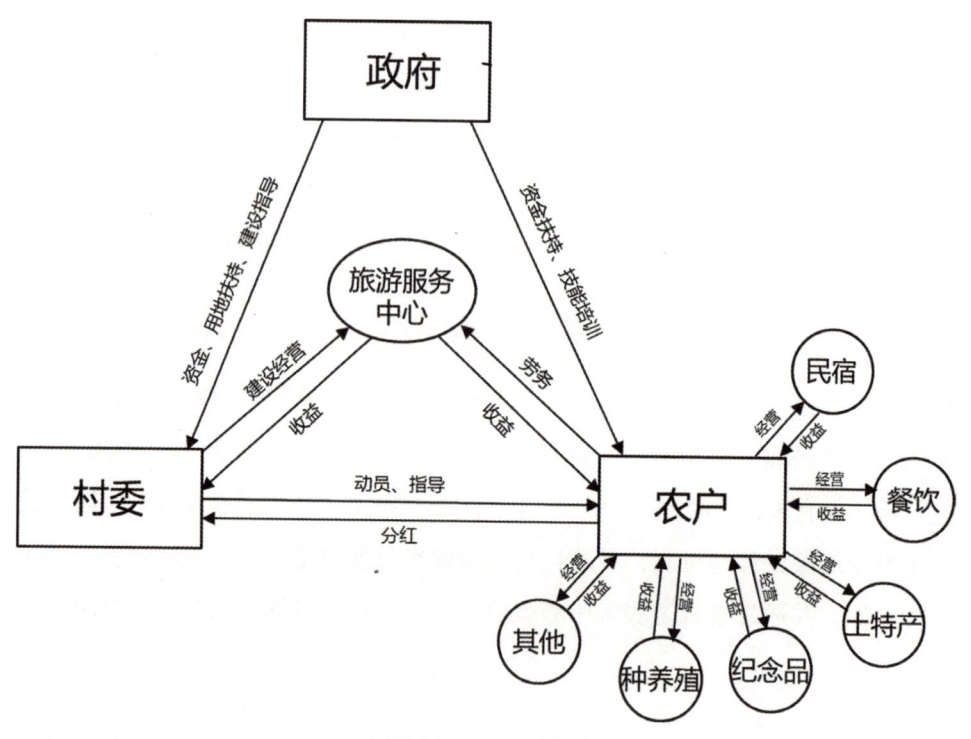

村民参与收益机制设计

售、种养殖等方式参与旅游开发，获得旅游收益，让村民充分分享旅游发展带来的红利。

（四）强化政府扶持，提供规划落实保障

梦扎村旅游开发基础一般，短期内不具备吸引社会资金的条件，且村庄收入有限，自身不具备旅游建设资金投入能力，因此梦扎村的前期旅游开发必须依靠政府的大力支持，为梦扎村旅游开发奠定基础，为此《规划》提出了相应的规划实施保障措施，明确了责任部门，保障《规划》能够落实到位。

三、主要特点

（一）因地制宜，实事求是

《规划》对梦扎村旅游资源与旅游开发条件进行了客观评价，紧抓梦扎村作为"丙察察"公路必经节点的交通区位特点，坚持针对现实问题、集约资源、优化环境、适度投入的原则，不搞大开发、不作大建设，以村庄整改提升与旅游基础配套为重点，在充分维护生态村居风貌，保留乡村山野景观特色的基础上，合理利用村落民居、核桃林、让舍曲河谷、梯田等资源，因地制宜完善旅游住宿、餐饮、休闲、游赏功能，旨在将梦扎村建设成为"丙察察"滇藏新通道上的重要乡村旅游驿站，符合梦扎村发展实际。

（二）项目落地，重点突出

《规划》延续梦扎村的景观脉络与肌理，构建了"山、村、水、田"一体的旅游发展格局，提出了建设一个游客服务中心、改造一批特色藏家民宿、打造一个文化广场、改造一个梦扎民村文化室、建设一个观景平台、打造一处核桃林游憩区、打造一处青龙曲滨水游憩区、打造一片让舍曲谷地田园风光片区、改造一个扎哈驿站9项重点建设任务，绘制了项目总平面图、鸟瞰图与局部规划效果图，设计了一套特色旅游标识系统，明确了旅游道路、停车场等建设规模，规划图文并茂，任务明确清晰，具有可操作性。

（三）农户参与，精准扶贫

《规划》充分维护梦扎村村民的核心利益，充分体现梦扎村民的发展意愿，设计了可行的农户参与机制，明晰了村民、村委、政府在梦扎村旅游发展中的角色定位。规划根据梦扎村村民的家庭特点，结合梦扎村旅游发展条件，重点针对贫困户、低收入群体，规划了多种旅游增收渠道，推动村民旅游就业，切实提高村民的收入水平和生活水平。

四、编制过程

2018年年初，原国家旅游局下发了《国家旅游局办公室关于开展"三区三州"深度贫困地区旅游规划扶贫公益行动的通知》（旅办发〔2017〕2017号），广东省旅游发展研究中心积极响应，主动选定西藏林芝市察隅县梦扎村作为帮扶对象，开展旅游规划扶贫工作。

（一）组建骨干团队

由广东省旅游发展研究中心副主任带队，选调精通区域规划、景观设计、经济分析、市场宣传等方面的专业人才，组成规划项目组。

（二）开展前期准备

项目组主动对接林芝市旅发委与察隅县旅游局，认真学习《规划指南》等纲领文件，收集整理相关资料，积极开展讨论会议，充分做好规划准备工作，形成对规划工作的一致认识。

（三）展开深度调研

2018年10月22日，项目组一行6人抵达林芝，开启规划调研行程。10月23日，项目组抵达察隅县，向察隅县旅游局等有关部门了解了察隅县的旅游发展基本情况。10月24日，项目组沿"丙察察"公路开展调研工作，沿途走访了日东村、目若村等旅游村，并于当日下午抵达梦扎村，对梦扎村整体村庄环境进行了初步考察。10月25日，项目组考察了察瓦龙乡镇区旅游接待设施情况及附近的甲兴村旅游资源情况。10月26日，项目组返回梦扎村，在村委相关同志的协助下，深入开展梦扎村的旅游资源调查与入户调查工作，通过村民

西藏

林芝市梦扎村旅游扶贫规划案例

实地调研

访谈、实地考察与无人机航拍，对梦扎村旅游资源特点、旅游基础配套、产业状况、贫困户状况及村民发展意愿等现状情况进行了调查与分析。10月27日，

规划汇报

77

项目组在察瓦龙乡政府进行了座谈，向察瓦龙乡政府汇报了梦扎村旅游规划的总体思路，就规划的重点与察瓦龙乡政府相关负责同志进行了深入交流。10月28日，项目组继续沿"丙察察"公路对沿线旅游基本情况进行调研，走完了"丙察察"全程线路。

（四）形成初步成果

2019年3月，项目组完成《规划》的初稿编制工作并提交了相关成果。

（五）广泛征集意见

2019年5月22日，察隅县召开《规划》初审汇报会，项目组汇报了《规划》的有关情况，并就《规划》后续的修改完善与相关部门同志进行了沟通交流。

（六）形成规划成果

2019年6月10日，项目组向察隅县提交了修改后的《规划》成果。

五、实施情况

《规划》已通过察隅县政府的审议，正在推进落实当中。

一是建立健全工作机制。结合察隅县扶贫攻坚工作部署，形成察瓦龙乡政府牵头，察隅县相关职能部门协助的规划实施机制，稳步推进梦扎村乡村旅游建设。

二是推进公共配套建设。结合察隅县美丽乡村建设及人居环境整治工作，完成梦扎村旅游厕所、村民文化广场等乡村旅游公共服务配套设施建设，进一步优化梦扎村乡村道路，不断提升梦扎村乡村旅游大环境。

三是开展服务技能培训。鼓励梦扎村村民开办民宿客栈，7户农户家庭已具备一定的民宿住宿接待条件，大力支持村民参与民宿客栈服务及相关旅游服务培训，提升村民旅游服务意识，营造梦扎村乡村旅游发展良好氛围。

阿里地区香孜村旅游扶贫规划案例

国信兴业国际工程咨询有限公司

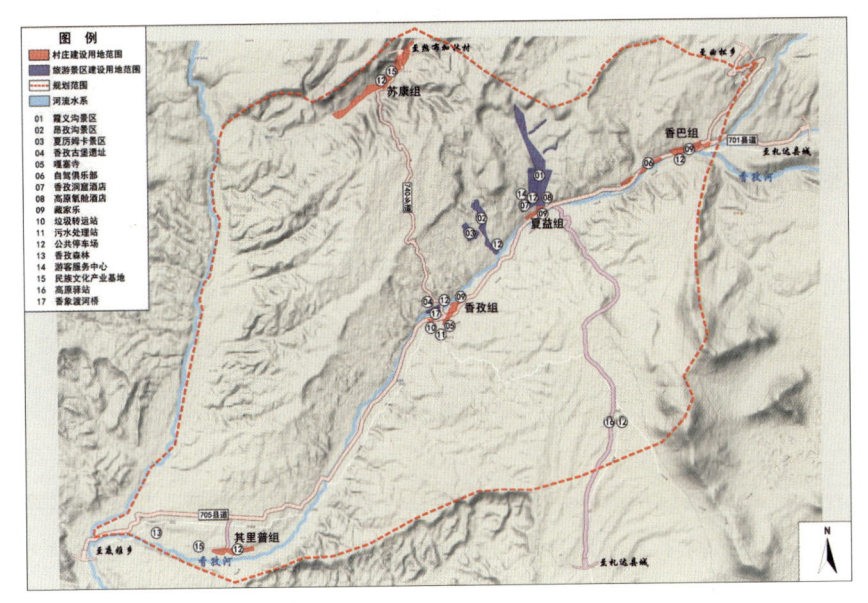

旅游扶贫规划图

为响应《关于支持深度贫困地区脱贫攻坚的实施意见》文件号召，北京市文化和旅游局利用发达地区大型先进企业聚集的优势，号召北京地区具有旅游规划设计资质的大型前沿设计咨询企业为阿里地区的贫困村庄进行公益扶贫任务，并向阿里地区旅游发展委员会（以下简称"阿里旅委"）举荐国信兴业国际工程咨询有限公司（以下简称"规划单位"）进行《西藏自治区阿里地区札达县香孜村旅游公益扶贫规划》编制任务。

"三区三州"
旅游规划扶贫公益行动优秀规划案例选编

香孜村景观

规划单位充分发挥了大型前沿设计咨询企业的实力与担当，积极与阿里旅委和相关部门进行沟通、对接和跟踪服务，并充分发挥企业的先进规划理念与平台，为香孜村乃至阿里地区的扶贫工作贡献了宝贵的力量。具体工作内容及实施情况如下：

一、村情概况

香孜村是西藏自治区阿里地区札达县香孜乡下辖行政村，位于县城东北部约120公里处。村庄下辖夏益组、苏康组、香孜组、其里普组、香巴组5个作业组，共有村民142户606人，多为藏族，有705县道、701县道、740乡道和748乡道等公路。

香孜村属于高原地带，为土林地貌，平均海拔4000米左右；气候属于高原亚寒带干旱季风气候区，冬寒夏凉，空气稀薄，干燥多风。

村庄目前通水、通电、通信，村旁边的香孜乡有小学，无中学，村庄建有卫生室，旁边的香孜乡设有卫生院。目前村庄已建易地搬迁和边境小康村居民住房。

香孜村村民多以半农半牧为主，2017年人均纯收入（不含政策性补贴）

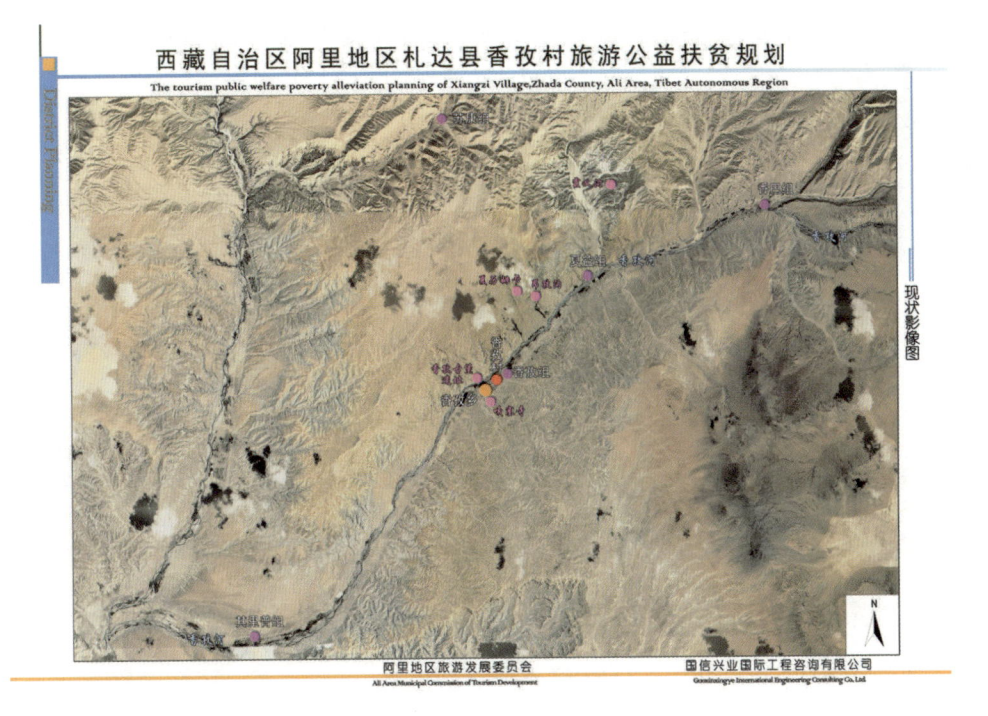

西藏

阿里地区香孜村旅游扶贫规划案例

影像图

1550.7元。目前村庄建档立卡贫困户5户，涉及贫困人口17人，贫困户主要致贫原因集中在因病因残、因学、缺技术、缺资金等方面。

二、规划思路

（一）以政策法规为依据

香孜村旅游公益扶贫规划始终以国家相关政策法规为依据，如《中华人民共和国城乡规划法》《"三区三州"深度贫困地区旅游公益扶贫规划指南》《旅游规划通则》和《关于促进全域旅游发展的指导意见》等，确保规划始终与政策法规确定的路线方针相一致。

81

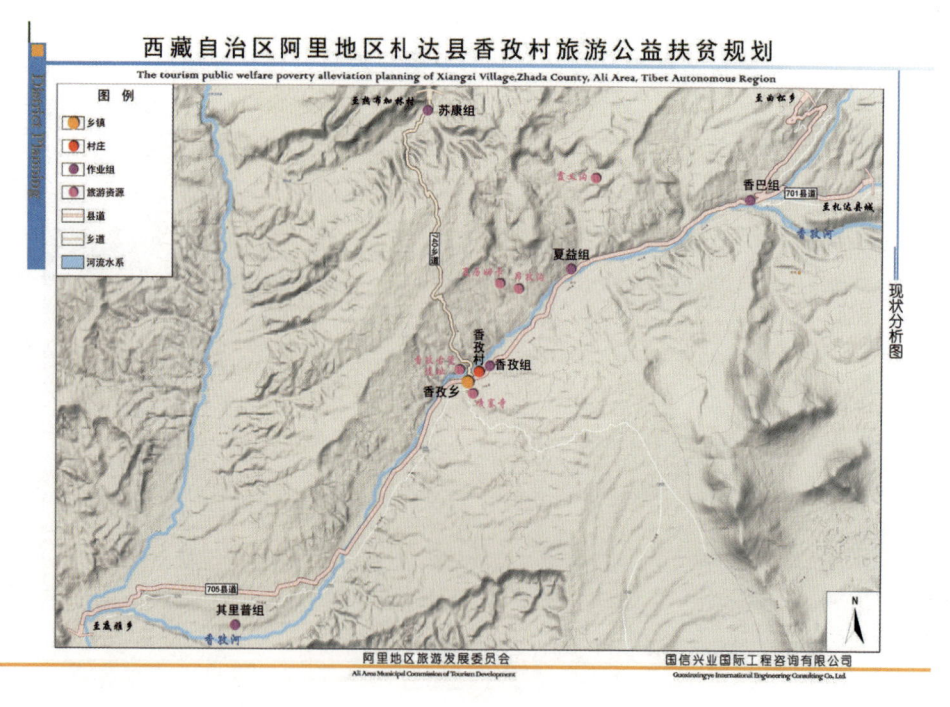

现状图

（二）以上位规划为指引

目前阿里地区和札达县已相继完成了《阿里地区旅游发展总体规划》《西藏自治区札达县旅游发展总体规划》《"十三五"旅游业发展规划》和《札达县旅游业发展思路》等规划和文件，以上规划和文件为香孜村旅游公益扶贫规划提供上位指导。

（三）分析现状、找出问题

规划单位在前期踏勘阶段和研讨阶段分别从区位交通、自然环境、文化遗存、产业现状、旅游资源、村民收入、村民意愿、贫困人口、致贫原因、扶贫政策等方面进行了全面细致的分析与整理。其中包括对香孜村自然环境、民族

西藏

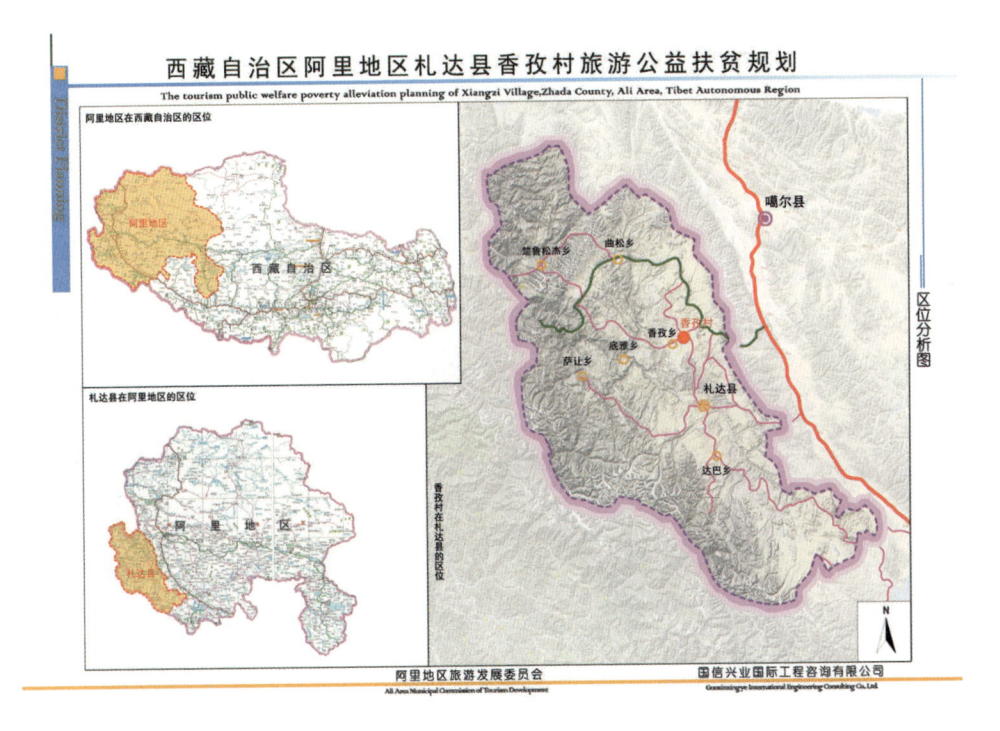

阿里地区香孜村旅游扶贫规划案例

区位图

文化、人文环境和旅游资源调研分析，对旅游资源禀赋、旅游市场前景、旅游发展和带动扶贫潜力进行综合评估，为明确开发方向、策划项目类型、配套设施规模提供依据；并且根据调查问卷，得出了村民对生活、公共服务设施、生产、政策建议的分析结论，因此能够更加因地制宜地找出致贫原因和脱贫的关键制约因素；最后进行SWOT分析，找出香孜村的优势、劣势、机会与威胁。

（四）确定发展目标与定位

规划根据现状和存在的问题，提出香孜村旅游公益扶贫规划整体目标是"旅游兴村、民俗特色、社会稳定、生活富裕"，确定"阿里地区象雄旅游环线的重要节点，以土林观光、历史探秘、民俗体验为主的高原休闲体验地"为旅游定位，以"古格夏宫，精品土林"为旅游宣传语。

83

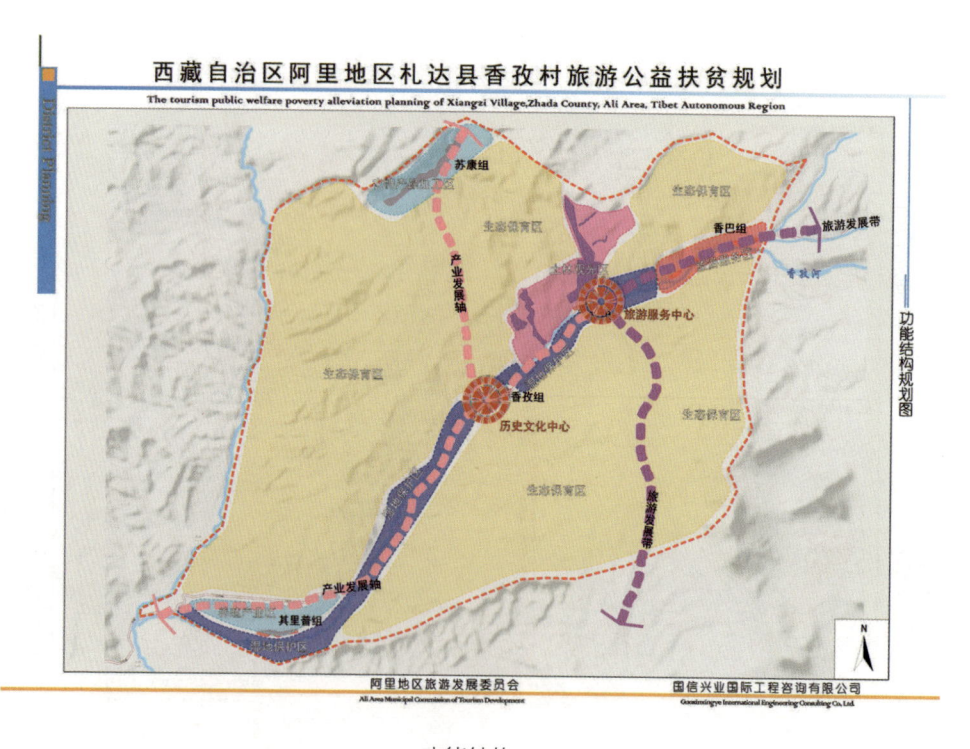

功能结构

（五）确定功能分区与布局

规划依据札达县生态保护红线内所需用地（核减）情况，形成"一带，双轴，两心，八片区"的布局结构。

（六）策划项目，确定项目内容

规划采用永续利用战略、旅游目的地战略、服务强化战略、遗产申报战略、旅游扶贫战略、全民参与战略六大战略进行项目策划，设计"象雄文化游"和"追寻大译师足迹游"两条旅游线路，并围绕策划战略和旅游线路确定项目和内容，最后匡算旅游收益。

（七）业态策划，精准指导

规划首先确定扶贫机制和模式，确定实施"企业+景区+合作社+农户"互相合作的旅游扶贫合作机制，并根据扶贫机制确定"景区+农户""景区+协会+农户""协会+农户""以大带小"四种扶贫模式。

另外，规划根据香孜村的特点，确定旅游发展业态，包括参与旅游服务（劳动用工）、从事旅游接待服务、经营特产和工艺品商店、徒步探险向导、牧业观光服务等，并且结合旅游发展业态针对贫困户进行一对一的精准指导，展开业务培训等活动。

（八）市场开发

为确保策划的战略和项目能够顺利进行，规划针对市场开发设计了景区运营、后勤管理、市场营销、遗址保护修复、文化资源传承与保护等开发和保护方案。其中针对市场营销提出了旅游形象设计、媒体宣传带动发展、网络媒体营销、在线旅游和购物平台助力、强化旅游节庆活动等营销策略。

（九）实施保障

规划从实施组织、绩效考评、政策保障、任务分解等方面提出了项目实施的保障措施。

三、主要特点

（一）编制调查分析报告，坚持公众参与

规划单位在前期阶段和踏勘与研讨阶段就始终坚持公众参与原则，积极与贫困村民进行座谈，向村民发放调查问卷，为保证调查分析报告的准确性和科学性，调查问卷按香孜村的五个组分别进行发放，每组调查人数不少于10人，

"三区三州"
旅游规划扶贫公益行动优秀规划案例选编

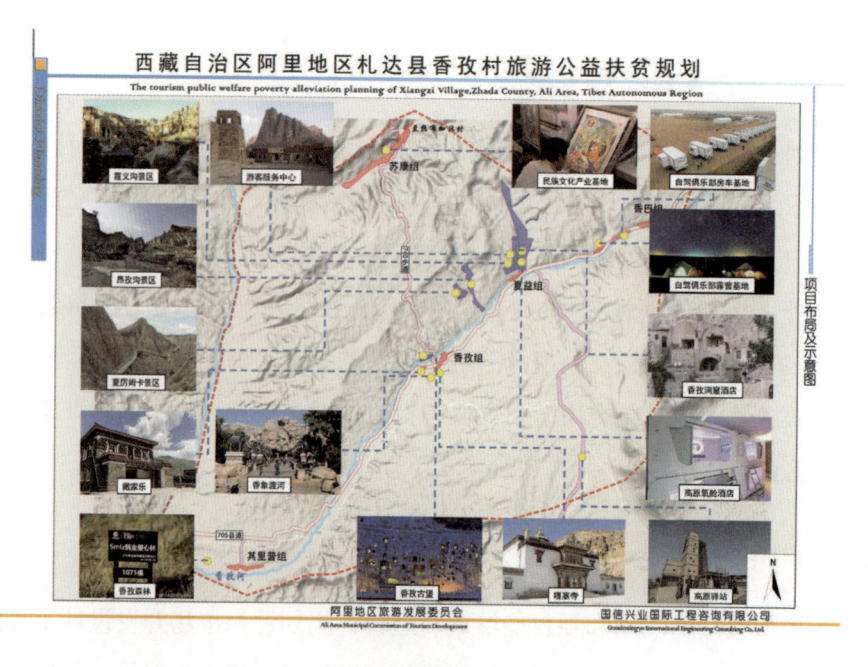

项目布局

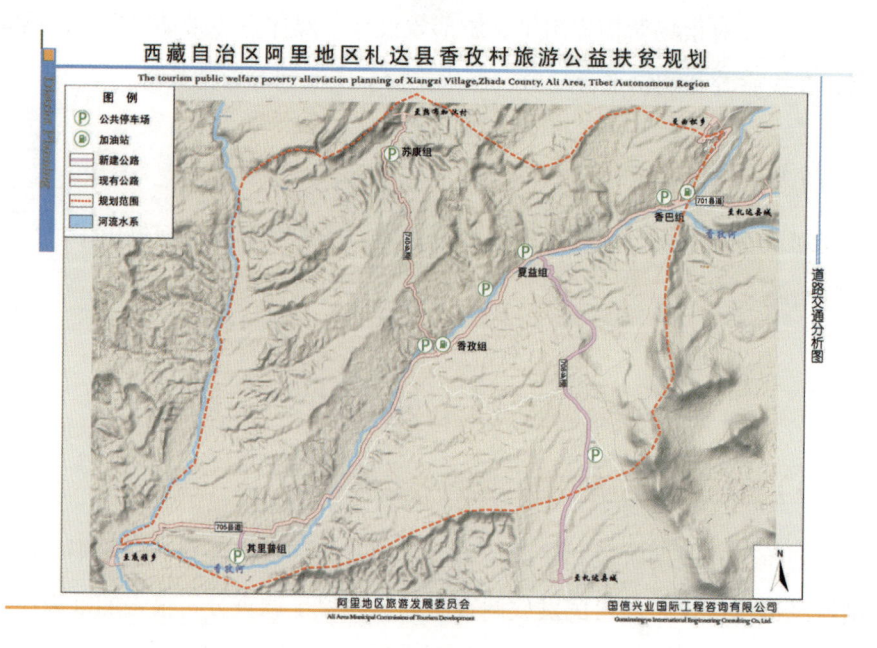

交通规划

86

西藏

阿里地区香孜村旅游扶贫规划案例

公用工程规划

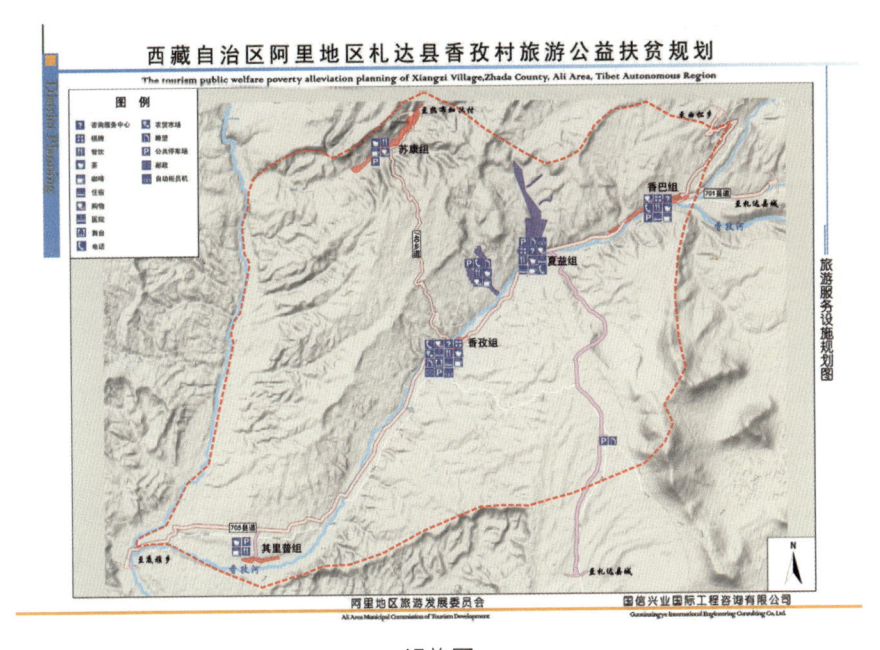

设施图

87

"三区三州"
旅游规划扶贫公益行动优秀规划案例选编

以自然原生态的石材和木材作为载体，将藏传佛教文化中具有代表性的经幡、图腾等元素融入其中。在标识牌具有导视功能的前提下，又将藏传佛教氛围渲染得淋漓尽致。

经幡
- 蓝天
- 白云
- 火焰
- 绿水
- 黄土

标识图

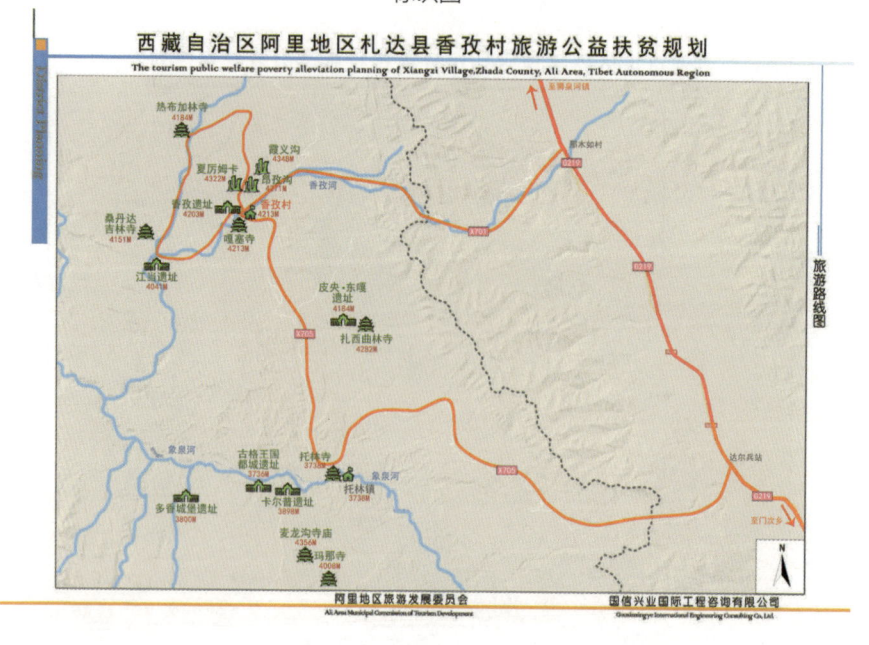

旅游线路

88

同时每组的调查人群中必须包括贫困村民，调查问卷的内容主要包括：村民基本情况、村民关于生活的现状与建议、村民关于公共服务设施的现状与建议、村民关于生产的现状与建议、村民关于政策机制的现状与建议等。

调研后，规划单位根据调查问卷，编制调查分析报告（见下表），报告分别以文字、图表和分析图的形式进行全面的表述。报告内容主要有：村民基本情况分析（包括村民目前从事的职业、家庭年收入等）、贫困户现状分析（包含贫困户所在的村组、家庭人数、家庭年收入、致贫原因、扶贫措施等）、村民基本情况分析结论、村民生活分析（主要调查村民目前的生活状况）、村民生活分析结论、公共服务设施现状分析（主要调查村庄现有的公共服务设施的种类、数量和需要完善的设施等）、公共服务设施分析结论、村民生产分析（包括村民目前从事的职业、从事旅游产业的意愿等）、村民生产分析结论、政策机制分析（主要调查村庄现有的产业扶持、贷款、环保、扶贫等政策）、政策机制分析结论、调查分析结论等。

调查分析报告部分内容

	贫困户1	贫困户2	贫困户3	贫困户4	贫困户5
所在作业组	夏益组	夏益组	香孜组	其里普组	夏益组
人口数量	3人	4人	4人	1人	5人
2017年人均纯收入	3396.6元	3816.5元	3755.5元	3568元	3687.8元
计划脱贫年限	2018年	2018年	2018年	2018年	2018年
基本情况	耕地面积3.4亩	耕地面积10.5亩	耕地面积7.5亩	仅有集体林地	耕地面积3.7亩
致贫原因	因病、因学、缺发展基金	缺发展资金、自身发展力不足	因病、缺技术	缺劳力	因学、缺发展资金
帮扶措施	医疗救助、提供微型基建岗位	医疗救助、转移就业、提供微型基建岗位	提供微型基建岗位	社保兜底	提供微型基建岗位

"三区三州"
旅游规划扶贫公益行动优秀规划案例选编

西藏自治区阿里地区札达县香孜村旅游规划

村民调查问卷

您好,我们是北京国信兴业国际工程咨询有限公司,受阿里地区旅游发展委员会委托正在展开西藏自治区阿里地区札达县香孜村旅游规划,想邀请您用几分钟时间帮忙填答这份问卷,为加快民族地区经济社会发展,建设全面小康社会献计献策。本问卷实行匿名制,所有数据只用于统计分析,请您放心填写。谢谢您!

性别:□男 □女

A. 基本情况(请在□内打√)

1. 您的年龄是:□18岁以下 □19~30岁 □31~50岁 □51岁以上
2. 您的受教育程度: □初中及以下 □高中 □中专 □大学本科 □硕士及以上
3. 您的职业:
   □工人 □商业服务人员 □机关工作人员 □专业技术人员 □学生 □农民 □牧民
   □个体或企业经营者 □失业、待岗人员、离退休人员 □其他_____
4. 您的家庭年收入水平:□1万元以下 □1万~3万元 □3万~5万元 □5万~10万元
   □10万元以上
5. 如果您是建档立卡的贫困村民,您的致贫原因是:
   □因病 □因残 □因学 □因灾 □缺土地 □缺水 □缺技术 □缺劳力 □缺资金
   □交通条件落后 □因婚 □自身发展动力不足

B. 关于生活(请在□内打√)

6. 您认为香孜村目前是否能够满足日常生产生活要求?
   □满足 □基本满足 □不满足
7. 您认为香孜村存在哪些问题? (请选择您认为最重要的三项)
   □出行交通不方便 □村庄环境差 □缺少生活服务设施 □缺少广场绿地
   □饮水、用电、上网、看电视不便 □污染严重 □其他(请注明)_____
8. 通常您外出最主要的交通方式是:(单选)
   □客车 □出租车 □摩托车 □私家小汽车 □电动自行车/自行车 □步行 □骑马

C. 关于公共服务设施(请在□内打√)

9. 您认为香孜村最需要改进完善的生活服务设施是什么? (请选择您认为最重要的三项)
   □超市或市场 □医疗卫生室 □供水供电 □学校或幼儿园 □文化娱乐场所 □敬老院
   □垃圾收集点 □公共健身器材 □广场 □手机和电视网络 □其他(请注明)_____

请接背面继续填写

> 西藏
> 阿里地区香孜村旅游扶贫规划案例

10. 您认为香孜村交通出行方面存在的首要问题是：（单选）

□ 没有公路　　　　　　□ 公路路况差　　　　　　□ 没有客车和出租车

□ 恶劣气候影响出行　　□ 其他（请注明）_____

D. 关于生产（请在□内打√）

11. 您目前主要从事哪方面工作？（单选）

□ 农业耕作　□ 畜牧养殖　□ 经营生意　□ 本地打工　□ 外出务工　□ 其他_____

12. 您是否打算从事旅游相关工作？

□ 近几年就打算从事　　□ 打算三年后再从事　　□ 不打算

13. 如果您愿意参与旅游发展，您愿意投入什么来发展旅游？（请选择您认为最重要的三项）

□ 劳务　　　　　□ 房屋　　　　　□ 宅基地　　　　　□ 土地承包使用权

□ 资金　　　　　□ 技术　　　　　□ 其他（请注明）_____

14. 您觉得应该在香孜村发展哪方面的旅游项目？（单选）

□ 历史文化旅游　□ 民族文化旅游　□ 农牧业观光游　□ 自然风光旅游

□ 其他（请注明）_____

15. 您觉得应该在香孜村建设哪些旅游服务设施？（请选择您认为最重要的三项）

□ 民宿　　　　　□ 农家乐　　　　□ 旅行社　　　　□ 宾馆酒店　　　□ 特产超市

□ 民俗演出场所　□ 房车基地　　　□ 其他（请注明）_____

E. 关于政策机制（请在□内打√）

16. 您认为当前影响香孜村旅游项目落地的最主要障碍有哪些？（请选择您认为最重要的三项）

□ 传统观念束缚　□ 政府政策支持不够　□ 土地制度限制　□ 交通出行不便

□ 资金有限　　　□ 村庄环境差　　　　□ 自然和文化资源不足　□ 气候恶劣

□ 缺水缺电　　　□ 其他（请注明）_____

17. 在此次香孜村旅游规划中，您认为政府应给予香孜村旅游扶贫的政策方向：（请选择您认为最重要的三项）

□ 资金扶持政策　□ 就业和创业政策　□ 技能培训政策　□ 人才引进政策　□ 土地政策

□ 其他（请注明）_____

F. 其他

18. 您对西藏自治区阿里地区札达县香孜村旅游规划有何具体的意见建议？

_____

_____

村民调查问卷

"三区三州"
旅游规划扶贫公益行动优秀规划案例选编

当地村民

另外,在规划方案阶段,规划单位也广泛听取村民意见,使得规划更加因地制宜、科学合理。

(二)进行实时宣传,发挥企业平台和力量

规划单位利用该公司和国信招标集团的平台和力量,从前期阶段开始始终对香孜村进行宣传,规划单位利用公司的微信公众号、公司官网等平台进行实时宣传。

(三)建立项目库,注重项目的可操作性

为了使规划更具有可操作性,规划单位提出了项目库清单,确定了项目的

西藏

阿里地区香孜村旅游扶贫规划案例

实施年限、规模、投资匡算和建议负责部门，并对项目进行整体收益匡算，使得规划更加具有直观性和可操作性。

（四）申请和引入资金，保障项目落地

促使项目落地的关键因素之一是项目资金的落实，规划单位在规划中明确了香孜村可以申请的财政资金和融资模式，确保了项目能够真正的落实。

（五）成立旅游公益平台，坚持长期服务

规划单位在规划编制完成后，始终坚持跟踪服务。规划单位利用自有"中国·少数派"县域旅游公益平台，结合札达县及香孜村的旅游资源、景点，为包括香孜村在内的札达县精心策划出一系列经典旅游线路、高端旅游产品和年度旅游活动，并将其发布至"中国·少数派"县域旅游公益平台网站，提高札达县及香孜村的知名度。

（六）一条旅游线路

规划单位的"中国·少数派"县域旅游公益平台为包括香孜村在内的札达县设计的经典旅游线路原则是全县打造一条贯穿经典旅游景点的线路，进行推

香孜村近景

93

广，同时搜集游客对札达县成熟景点的反馈意见，梳理线路亮点，发现不足，提出改进措施。

"中国·少数派"县域旅游公益平台发布的旅游线路

（七）一款旅游产品

规划单位的"中国·少数派"县域旅游公益平台根据包括香孜村在内的札达县的特有资源，主打一款独一无二的高端旅游产品，以体现札达县旅游产品的独特和高端。

（八）一系列活动

规划单位始终与阿里旅委、札达县和香孜村保持着密切沟通，规划单位将会为札达县策划一系列活动，并邀请北京的企业家、文化界人士参与札达县的发展。

2019年的活动计划邀请北京高新技术企业老总4~5人、文化界人士2~3

人，并招募其他人员4~5名。具体活动如下：

（1）札达县旅游线路体验及推广活动。该活动的目的是推广经策划的札达县精品旅游线路；搜集对札达县及其他成熟景点的反馈意见，梳理线路亮点，发现不足，提出改进措施；邀请北京的企业家、文化界人士参与札达县的发展；带动札达县旅游产品销售。

（2）札达土林主题摄影大赛。该活动以古格王朝遗址、土林景观、托林寺、彩虹等为主体，号召来札达旅游的游客将摄影作品提交平台参赛，由专家评选及网络投票评选结合确定名次。

（3）札达县旅游宣传片制作。活动邀请北京等发达地区的影视制作公司，借助"札达县旅游线路体验及推广活动"，进行旅游宣传片素材搜集和拍摄，最后形成札达县旅游宣传片，并发布至"中国·少数派"县域旅游公益平台等各大网站进行宣传。

（4）札达县旅游形象设计征集。活动在"中国·少数派"县域旅游公益平台等各大网站进行宣传，向全国各地征集LOGO、系列文化创意产品等优秀作品，使札达县旅游形成统一、完整的系统。

四、编制过程

（一）前期阶段

2018年7月，规划单位开展前期对接与资料搜集工作，分别将"现状调研工作计划""札达县旅游发展委员会资料收集清单"和"村民调查问卷"等材料发至阿里旅委，阿里旅委同时进行积极指导与配合工作。

（二）踏勘与研讨阶段

8月23日至27日，规划单位工作组到达札达县，按照《"三区三州"深度贫困地区旅游公益扶贫规划指南》的要求，进行现场踏勘与研讨论证。

主要工作内容是：对香孜村境内景区资源进行现场踏勘；对现有旅游民宿进行实地考察，与旅游民宿经营者进行沟通交流，了解目前的旅游民宿经营状况和想法建议；对香孜村下属五个作业组村民（每个作业组抽取十位村民，包括贫困村民）进行问卷调查和访谈，深入了解村民的生活和生产现状，以及贫困村民主要致贫原因；对各个作业组进行现场踏勘，深度了解香孜村自然环境、经济社会、村庄建设等情况；分别与札达县旅游发展委员会、香孜乡人民政府和香孜村村委会领导积极沟通，听取各级领导对香孜村旅游发展和精准扶贫的想法和建议；形成初步调查分析报告和旅游规划初步方案，并向县旅发委、香孜乡、香孜村领导进行研讨论证。

规划单位工作组在香孜村现场踏勘

（三）方案编制阶段

踏勘与研讨结束后，规划单位开始进行香孜村旅游公益扶贫规划方案的编制工作，并于10月18日完成方案的编制，提交至阿里旅委征求方案修改意见；阿里旅委在接到方案稿后进行了委里内部会议讨论，随后组织香孜村村委会和村民代表进行了研讨论证会，广泛征询意见，并将方案修改意见以文字形式反馈给规划单位。

（四）评审阶段

11月29日，阿里旅委会同阿里地区相关职能部门和香孜村村委会组织召开了"西藏自治区阿里地区札达县香孜村旅游公益扶贫规划评审会"，会上各个职能部门和村委会均结合各自的管理数据、管理规定提出意见与建议，与会专家也从专业角度提出了专业意见；会后，阿里旅委会同参会部门与专家形成评审意见表，并下发给规划单位。

旅游公益扶贫规划评审会

（五）成果提交阶段

评审会后，规划单位根据评审意见表进行方案修改，并于12月17日提交《西藏自治区阿里地区札达县香孜村旅游公益扶贫规划》成果和"修改意见的回复"。

五、实施情况

（一）考核与落实

在《西藏自治区阿里地区札达县香孜村旅游公益扶贫规划》批复后，阿里旅委始终加强规划实施的调度考核，并协同札达县和香孜村对规划中确定的重点项目进行推进，明确了规划实施的时间表、路线图和任务分工。

（二）申请与引进资金

阿里旅委根据规划中的确定的可申请财政资金和融资模式，积极引导香孜村进行了脱贫攻坚、乡村振兴、美丽乡村建设、农业产业基地、乡村基础设施建设等各类财政专项资金的申报工作，积极引进了各类外部资本、技术、市场等帮扶机构，落实了建设和经营管理主体，加快项目建设、设施配套和运营管理机制完善，确保了规划的落地实施。

（三）进行项目前期咨询

目前，阿里旅委根据《"三区三州"深度贫困地区旅游公益扶贫规划指南》的要求，结合规划单位自身专业优势和规划中建立的项目库内容，进行项目的深化设计、项目招商手册和资金申报材料的编制等工作。

（四）线上、线下共同发展旅游

目前，阿里旅委已与规划单位共同策划出一系列经典旅游线路、高端旅游产品和年度旅游活动，并将其发布至规划单位的"中国·少数派"县域旅游公益平台网站，开拓线上旅游发展渠道；同时，利用札达县当地旅游公司，结合规划中确定的旅游产品和主题，进行旅游产品的开发与销售工作，目前已经上市销售了唐卡壁画、沙棘系列饮品、古格系列服装等产品。

（五）组织扶贫培训

结合规划的精准扶贫内容，阿里旅委和香孜村村委会始终进行对香孜村村民的培训指导工作，定期进行旅游经营管理培训，对村民进行餐饮、住宿、休闲娱乐等旅游接待服务培训，同时也进行特色农副产品、工艺品和旅游商品开发等实用技术培训，加强对建档立卡贫困户的针对性指导，做到了真扶贫、扶真贫。

昌都市觉龙村旅游扶贫规划案例

北京众合艺美景观规划设计有限公司

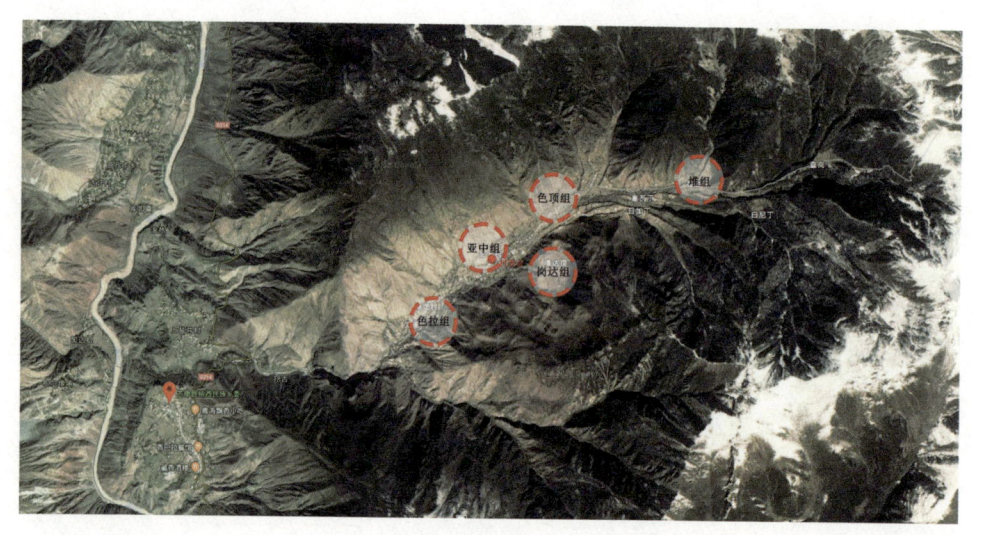

村庄分布图

一、村情概况

"三区三州"是国家层面的深度贫困地区，贫困面广、贫困发生率高、人均生活水平低。为了响应党中央精准扶贫的号召，打好扶贫攻坚战，北京众合艺美景观规划设计有限公司高度重视并积极贯彻《青海西藏两省区旅游合作协议》《中共昌都地委、行署关于加快发展旅游业的意见》《西藏昌都地区旅游发展总体规划》《西藏昌都地区茶马古道旅游开发可行性研究报告》等相关文件精神，主动承担了编制西藏自治区昌都市芒康县纳西民族乡觉龙村旅游扶贫规划的工作。

觉龙村位于芒康县纳西民族乡东部，由5个自然小组（色拉组、亚中组、色顶组、岗达组、堆组）组成，5个组分别分布在桃花沟中间，村委会所在地为亚中组。村委会驻地海拔3200米。觉龙村所在区域为半干旱半湿润气候，且气温偏低，年温差较小，春秋相连，冬季较长，降水量偏少，水热同季，旱雨季分明，日照强，辐射强，昼夜温差大。

村内多种植桃花，民居多为土、石、木混合结构的，多独立式院，多为二三层建筑，屋顶平台多为晒场。村内农区和牧区交替缝补共同构成自然与人文和谐的田园景致，独特的自然人文环境造就了当地独特的人文风俗。

全村共185户1173人，其中建档立卡贫困户64户324人，劳动力人口621人。全村总耕地面积1294亩，人均面积1.179亩，2016年实现人均纯收入8000元。造成贫困原因主要有：一是资源贫瘠，高寒缺氧，自然灾害频发，部分地方受到地震、滑坡、地方病等威胁生产生活环境恶劣。二是缺乏劳动力，造血严重不足。地处高原，农户多以农牧为主，参与副业及多种经营增收渠道少。区域内部缺乏龙头企业带动，辐射范围有限。三是长江中下游地区重要的高原生态屏障澜沧江的天然水源涵养林区生态脆弱。四是致贫原因及贫困人口结构复杂，贫困群众思想观念落后，返贫形势严峻。

二、规划思路

（一）规划原则

1. 坚持生态文明

紧紧围绕国家生态文明理念，坚持绿色发展，依托现有山水、桃花等特色资源，大力发展"旅游+生态"，使生态品牌转化为旅游品牌，并通过旅游业促进生态价值转化为经济社会效益，实现绿水青山向金山银山的升级。

2. 遵循市场导向

以旅游客源市场需求为导向，特别关注芒康县及周边县市旅游休闲度假需求，科学预测客源市场动态发展趋势，整合开发项目地优质旅游资源，实现"市场→产品→资源"的最佳匹配与对接。

3. 打造旅游精品

通过品牌、产品、服务的精品化，支撑项目地建成西藏精品休闲度假旅游目的地。依托高品级资源推出精品化旅游品牌；依托生态文化资源重点打造市场偏好的生态观光、休闲度假、乡村民宿等旅游产品。

4. 因地制宜，精准扶贫

依据贫困村现状基础，以精准扶贫为出发点和立足点，以旅游发展为切入点和支撑点，坚持针对现实问题、集约利用资源、保护优化环境、适度投入建设，因地制宜明确主攻方向，策划主打产品，配套基础设施和保障措施，指导贫困村旅游发展和精准扶贫。

5. 坚持社区参与、多规融合

要充分吸纳当地社区参与，充分体现贫困群众意愿，充分吸收地方相关部门意见，以贫困村所在地区经济社会发展战略为依据，以旅游业发展方针、政策及法规为基础，与当地城乡发展规划、土地利用规划、生态环保规划等实现"多规融合"。

（二）发展战略

1. 挖掘桃花、茶马古道及遗址文化，提升景区文化品位，打造高品质旅游产品

茶马古道体现了我国西南地区旅游资源独特性、原始性、大容量、多样性的总体优势特征，古道自然风光最具原始性和震撼力，文化景观最具神秘性和诱惑力。茶马古道的历史地位与文化价值不逊于世界上的任何一条文明古道，它是极具文化底蕴和开发价值的廊道遗产。

芒康县作为茶马古道进藏的第一站，属康巴文化核心区域，旅游事业发展势头良好，旅游开发价值极大。觉龙村内多种植桃花，花开季节美不胜收，宛如世外桃源，成为茶马古道芒康站的一道独特亮眼的风景，吸引众多游客到来。

茶马古道健身步道指示牌

此外，村内还有母亲水窖、百年古杨、老岗达寺遗址。由这些资源可以看出，芒康县的旅游以观光型居多，度假休闲型少。借周边大景区的辐射作用，觉龙村可以利用自身桃花沟引来的游客开发相应的民宿、藏家乐等服务设施。此外，依托茶马古道修建茶马古道健身步道，配套相应景观小品、观景台、游憩设施等，有效串联觉龙村各资源点。

2. 完善旅游线路，促进游客流动合理化

觉龙村位于滇、川、藏三省区交会处，东与四川巴塘县隔江相望，南与云南德

道路交通现状图

钦县山水相连,是西藏的东大门交界处,区位优势鲜明,但景区进入性差,G214上只有一个出入口能进入觉龙村,没有形成旅游环线。对此,觉龙村应立足优势,深入挖掘独具特色的当地旅游资源,形成集生态观光—农事体验—乡村民情风俗体验—餐饮娱乐—购物休闲于一体的乡村生态旅游环线,对外形成强大吸引力。

3. 精准定位客源市场,精准营销、精心服务、精细管理

本项目地位于西藏的东南处,邻近云南和四川,因此芒康县觉龙村的客源主要来自云南和四川。又可细分为一级市场:四川、云南;二级市场:青海、甘肃、贵州;三级市场:北京、上海、广州等大型城市市场;专项市场:乡村旅游、宗教旅游。

由调查研究可知,进藏的大部分为中青年游客,绝大多数集中在30~49岁。主要特征是:社会精英、有经济基础、追求品质旅游、最迫切旅游、释放身心。补充人群为:19岁以下中小学生人群,次级人群为20~29岁大学生人群及50岁及以上中老年人群。

针对以上对用户及其市场定位数据分析结果为基础,制订个性化的营销方案,有针对性地满足用户的需求,从而更好地实现精准营销、精心服务、精细管理,具体方式有:

传统媒体的传播系统。针对芒康县旅游资源特性,面对中青年客群为主,选择借势营销、直接营销两种方式进行传统媒体的旅游营销。借势营销指借势千年盐田、茶马古道、举办桃花节等进行五大平台强力营销;直接营销可以通过"茶马古道上的梦幻桃花沟"旅游品牌进行。

"互联网+"开启崭新的营销模式。针对养生、自驾游、探险挑战爱好者等进行集合,建立社群形成精准营销;开通桃花沟旅游微信公众号,微信维护团队,定期推送旅游信息;与驴妈妈、途牛、携程等知名旅游代理网站合作,定期推出旅游套餐、旅游线路推广,以团购、秒杀、游记征集等形式来吸引游客。

旅游直播。抓住"旅游+直播"对当下年轻人群体的影响力,邀请网红、大V、明星、本土艺人来项目地进行旅游直播,迅速提升项目地影响力。据一

份最新的视频直播行业的相关数据显示，22岁及以下的直播观众超过六成，男性用户占比高达77%，每日人均观看时长高达135分钟。这些用户大多是"90后"年轻用户，他们对于旅游的需求同样强烈。

4. 结合现代技术手法，创造景区亮点，引爆旅游市场

芒康县旅游事业发展势头良好，六届茶马古道文化艺术节的成功举办，进一步提升了芒康旅游在区内外的知名度和影响力。觉龙村桃花节的举办更是增强了当地旅游的人气。以"茶马古道上的梦幻桃花沟"为节庆主题，将芒康县地域文化、茶马古道文化、桃花文化、农产品及特色景观等内容整体包装推广，打造"123"节事活动体系推向市场，必定能提升项目地的认知度和影响力。具体活动有：1个龙头节庆——茶马古道文化艺术节暨桃花节，2个重点节庆——民俗文化艺术节弦子舞和假婚节，3个专业赛事——桃花、油菜花摄影比赛，骑马比赛和押加赛。

5. 新业态、新技术、新品牌

旅游市场的发展和消费需求不同，也应有针对性的旅游产品及消费运营形式，对此觉龙村应提升六大旅游基本要素，落实"食、住、行、游、购、娱"全方位体验。在"食"方面，要打造原乡特色的美食品牌，升级现有藏家乐、提质特色店品牌，如开展"桃"主题餐厅、水吧、蜂蜜茶吧；在"住"方面，提供多选择的住宿选择，开展一批"原生态"精品度假酒店、主题民宿；在"行"方面，全面升级旅行社服务水平，扶持1~2个具有县市影响力的旅行社品牌、开发特色旅游线路；在"游"方面，打造精品原乡景区，新增3A级以上景区、旅游度假区、田园综合体和特色小镇；在"购"方面，做强几种必购品，如蜂蜜和藏式工艺品等；在"娱"方面，要有主客共享的娱乐氛围，打造一批当地特色与时尚文化相结合的娱乐品牌。

（三）总体定位

茶马古道上的梦幻桃花沟（以山定发展，以村为基础，以桃花为点睛，以古道为魂）。

（四）发展目标

纳西族民俗体验旅游目的地，茶马古道进藏最美丽的第一站。

（五）规划成果

对于觉龙村项目体系主要实施的是"一组一主题，一组一定位"，色拉组，综合服务区；亚中组，梦幻桃园区；色顶组，金色田园区；达岗组，文化遗址区；堆组，野外露营区。具体如下：

芒康县纳西民族乡觉龙村项目体系

组	主题	定位
色拉组	综合服务区	1-1 游客服务中心
		1-2 纳西美食部落
		1-3 觉龙特产专卖
		1-4 茶马古道健身步道
		1-5 觉龙民宿
亚中组	梦幻桃园区	2-1 梦幻桃花园
		2-2 桃香餐厅
		2-3 桃木艺术工坊
		2-4 桃汁水吧
		2-5 桃园采摘
色顶组	金色田园区	3-1 乡村山体艺术
		3-2 观景平台
		3-3 蜂蜜茶吧
		3-4 农事体验区
达岗组	文化遗址区	4-1 老达岗寺遗址
		4-2 母亲水窖
		4-3 百年古杨
堆组	野外露营区	5-1 民俗文化表演
		5-2 露营地
		5-3 烧烤野炊地

西藏

昌都市觉龙村旅游扶贫规划案例

总体布局图

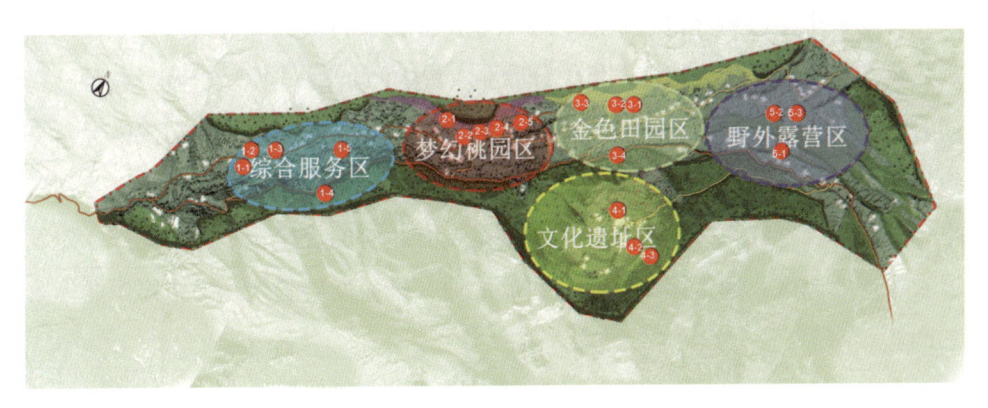

功能分区图

三、实施保障

（一）明确管理机制

　　乡村投资旅游方面，对低收入家庭投资的乡村旅游开发项目，不受投资门槛的限制，并奖补资金；同时在贷款贴息、用地审批等方面优先扶持。农户利用闲置房屋发展民宿在开始接待游客半年后，乡财政给予一次性补助；乡村配套设施方面，按照把"村庄打造成景区"的思路，对村庄逐级改造，完善乡村配套设施，开发特色乡村旅游项目；乡村旅游接待方面，对经营农家乐、手工作坊等旅游服务业的农户进行奖补。紧抓乡村旅游发展，通过奖补措施鼓励农民经营农家乐、民宿、手工作坊等三产服务业,实现农民增收、农村发展。

在土地良性利用方面。将集体资产、集体土地股份化后进行统一流转。集体资产股份化,以生产队或组为单位,以原集体经济组织成员资格和成员的"农龄"为计算依据,对集体经济组织经营性净资产进行股份量化;集体土地股权化,以生产队或组为单位,以原集体经济组织成员资格为计算依据,对集体土地收益权进行折股量化;改革完善农村集体经济组织形式和治理结构,在"两股"的基础上,按照股份合作制的原则,将原村组集体经济组织,改造成为符合现代企业制度要求的股份经济合作社;以农业产业化项目实施规模经营。以农产品现代化、产业化经营为契机,集中分散在农户中的土地,实现农业的规模经营。同时制定了土地规模经营的财政补贴、风险补助等,对不同档次的规模经营土地进行不同程度的奖励。农民可在景区、度假区或者主题度假庄园务工或到城里打工获得工资收入。这种模式的关键是要有相应的规模化产业来支撑,先发展农业产业园区,通过园区带动乡村旅游业,进而发展餐馆、民宿娱乐业等第三产业。

(二)明晰增收途径

通过发展旅游,实现农民"两金"到"四金"收入转变,拓宽农民收入渠道,保障农民持续增收,具体如下:

股金收入:村民可通过以农地、宅基地、住房、拆迁补偿费等形式入股经营产业化的主题度假庄园、民宿、度假设施、文化旅游产品,每年获得一定的股金收益,保障收入来源。薪金收入:把村民纳入现代农业、文化旅游产品、度假产品等项目的就业培训计划,积极创造条件,对其开展就业培训,拓宽就业渠道,积极创造就业岗位,确保村民生活上能有更多的收入来源。租金收入:村民将土地或闲置房租赁给企业进行经营,获得租金收入。保金收入:乡保、农保、低保、农村合作医疗和养老金,共同构成农民的保障金。

（三）生态保障

以旅游为抓手，转变旅游经济发展方式、实施严格的治理模式、建立绿色管理服务体系、加强旅游资源开发与保护，点燃芒康县的"绿化、净化、美化和亮化"，全面实现"绿水青山就是金山银山"。

因地制宜，建立立体化的山地景观。山林生态资源是发展生态旅游的重要支撑，必须根据全乡境内植物资源的实际情况，按照资源类型，重点对林灌草植物景观、地被保护、物种资源等几方面进行分类保护开发。坚持实施"一退、二调、三保"的保护政策。

根据山地的垂直地带性分布原理，合理进行森林景观的保护与恢复。实行封山育林和人工造林，保护植被，建立生态屏障。指导和督促相关企业进行转型和山林生态破坏治理。坚持"预防为主，综合防治"的原则；严禁在旅游景区内开荒种地。保护物种多样性，加强对各类珍稀植物、古树名木的保护。在环境敏感脆弱地段，对游客活动采取定点、定线、定量控制。

（四）人才保障

实行引凤回巢、精准帮扶、学研基地、万众创业四项措施培养立体人才库。具体措施有：鼓励支持在外能人、乡贤回归创业，共助觉龙村发展；通过发展乡村旅游，深入每村每户，针对性地帮扶贫困群众；通过选拔专人，去经验丰富的培训机构接受旅游专业培训。

甘南州仁占道村旅游扶贫规划案例

西北师范大学城市规划与旅游景观设计研究院

村庄总平面图

甘肃

甘南州仁占道村旅游扶贫规划案例

一、村情概况

（一）区位特征

交通区位：勒秀乡仁占道村位于甘南州合作市南部，勒秀乡西侧。北接仁占后村，西靠吾乎子村，东依俄尔果村。通过X402、G213公路联系合作市区，距离合作市40公里。

文化区位：仁占道村以藏民族为主体，所属区域是半农半牧区，具有典型的甘南州农牧村生活特征。该村呈现的藏乡生活文化景观形成乡村旅游的核心旅游吸引物。

旅游区位：仁占道村位于合作市城郊旅游休憩带，接受合作市旅游辐射带动作用，具有发展周末休闲游、洮河水岸观光游以及藏乡生活体验游的优势。

仁占道村位于博拉河、洮河河谷地带，与周边山体形成"三山两河"的环境格局。

村民住房

（二）资源优势

规划区拥有独特的地貌景观，原生态的山、水、森林自然风光，丰富的动植物资源，藏族风味浓郁的村落景观与优美奇异的自然景观和谐相融，形成村庄旅游资源核心竞争力。

仁占道村由博拉河、洮河冲刷所形成的河谷地带以及周边围合的山体构成，总体形成"三山夹两河"的格局。孕育了典型的河谷藏族村落、醉人的博拉河

111

秋色、丰茂的草原、藏乡青稞田等自然美景。仁占道村半农半牧的生活方式孕育了藏乡民俗、藏式民居、节庆文化、饮食文化、民间故事、民间谚语、祝词等一系列丰富的民俗文化。

（三）发展潜力

仁占道村紧邻博拉河、洮河，具有发展高原河流风景观光旅游的基础，未来要充分利用优越的生态环境优势，践行"绿水青山就是金山银山"的发展理念，进一步壮大仁占道村观光旅游的市场规模。

浓郁的藏乡风情形成仁占道村特色鲜明的文化景观，同时仁占道村距离合作市较近，具有发展藏乡生活体验游的区位优势和文化潜力。

村内设施

二、规划思路

（一）规划目标

规划以"特色产业强村、旅游产业活村、乡村建设靓村"为指导思想，以多元和谐、乡村休闲为发展理念，以农业为基础，推进畜牧业产业升级，发展旅游产业为新的经济增长点，深入挖掘本地多民族文化特色，打造集生态观光、文化体验、旅游服务、人文居住等多功能于一体的地区知名的乡村旅游目的地，打造3A级景区。

（二）规划原则

1. 原真性原则

要保持仁占道村传统文化、院落住房、生活方式的原真性，避免迎合旅游需求而忽略地方性。要从文化传承与弘扬的高度，坚守仁占道村地方文化特色。

2. 文化性原则

尊重仁占道村作为甘南州半农半牧区的生计文化特征，仁占道村发展乡村旅游的首要职能是向游客宣示自身的文化信息，彰显自身传统文化、生活方式的魅力。

3. 体验化原则

通过仁占道村外部空间的场景化营造，形成游客"浸入式"游览空间，创造游客"感同身受"的文化信息感知场景。

4. 创新化原则

创新仁占道乡村旅游景区游览体验方式、旅游产品供给方式，一方面通过主题化形成不同的导游线路，另一方面创新民宿宗教文化旅游产品的供给结构，把单一观光游向文化体验、知识获取、环境教育等多维度拓展。

"三区三州"
旅游规划扶贫公益行动优秀规划案例选编

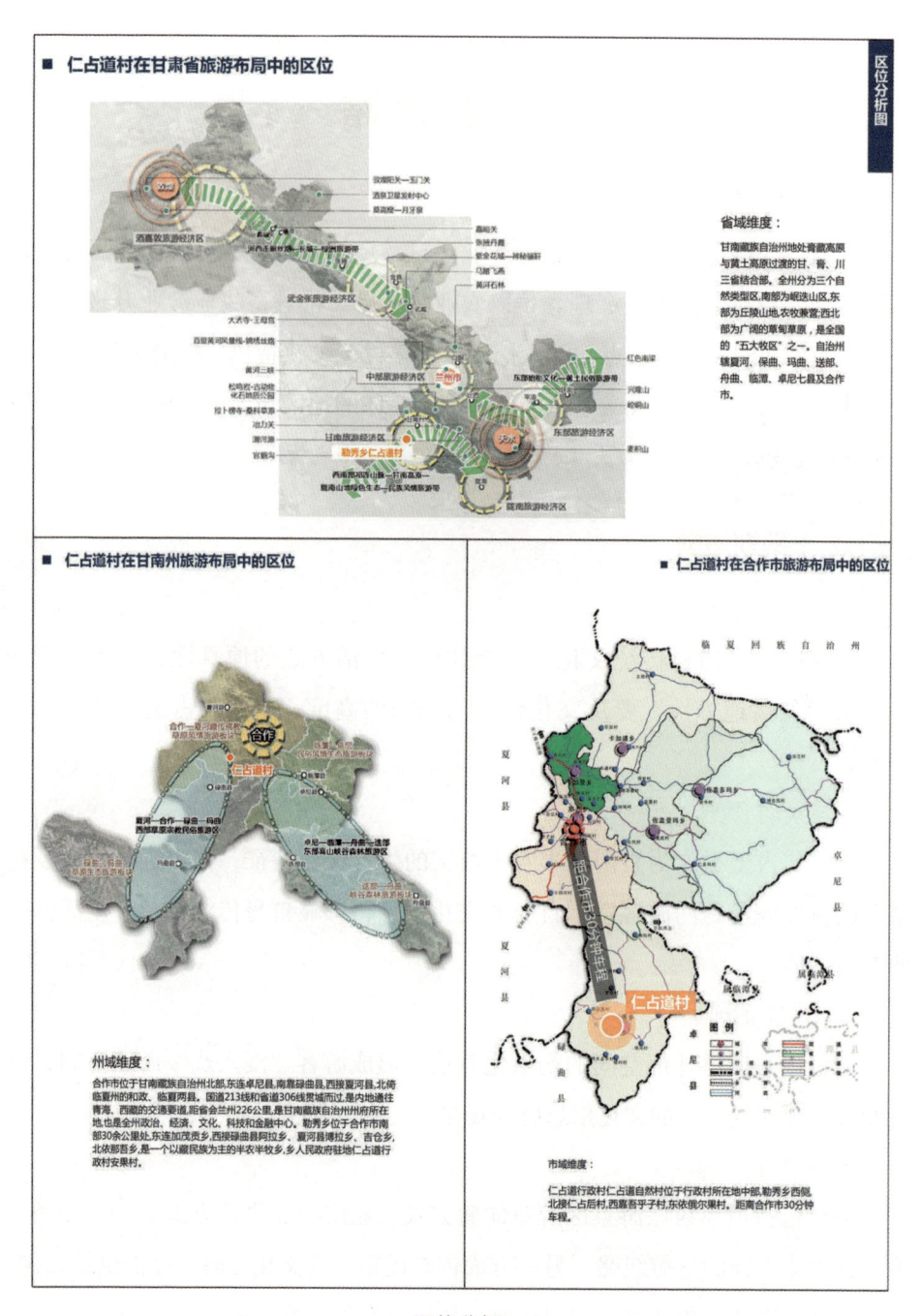

区位分析

114

（三）规划理念

1. 系统化进行文化空间生产

深入挖掘仁占道村历史文化信息，通过文化空间生产，在仁占道乡村旅游景区内部植入面向游客的文化空间，展示仁占道村历史信息、生活场景，把历史信息、日常生活外化为文化感知空间主题。

2. 场景化营造寺院外部空间

对仁占道村庄外部巷道、广场空间进行场景化营造，通过植入文化景观，把村庄外部空间按照"文化博物馆、艺术展览馆"公共走廊的标准进行场景营造，形成文化信息丰富的特色巷道体系。

3. 主题化梳理景区游览线路

按照仁占道村生产生活特点，对现状游览线路进行细化分类，形成"听水、

鸟瞰效果

原乡、祈福"三大主题游览线路，配合差异化讲解的导游服务，丰富仁占道乡村旅游景区游览内容。

4. 标准化提升游览服务设施

按照3A级景区建设标准，对仁占道乡村旅游景区旅游交通、安全设施、环境卫生设施、旅游厕所、游客中心等进行标准化提升。

5. 人性化增建游客休憩设施

在保持仁占道乡村旅游景区景观特色的同时，按照人性化理念增建面向游客的休憩设施，为游客提供可以驻足、停留的休闲场所。

（四）规划策略

1. 完善乡村旅游配套设施

乡村旅游配套设施包括当地的道路交通、环境卫生、住宿餐饮、购物服务等方面的硬件配套服务以及相应的信息服务等。要做好当地的环保工作，维护村庄的生态平衡，保持当地的民俗风情。展现小村风景的地域色彩，塑造舒适、

村庄景观

安全的旅游形象。

2. 创意开发乡村旅游产品

由于乡村旅游产品独有的区域特点，它承载着游客对乡土风味的美好感情，能够起到树立当地旅游的品牌形象的作用。在旅游产品的研发和创新过程中，一定要依据当地的区域特点，不断植入文化因素、艺术理念。

3. 创新乡村旅游营销模式

联合多个乡村景点，构建乡村旅游度假联盟，与当地旅行社合作，进行宣传、营销，同时利用新闻媒体和当地的文体活动进行宣传。此外，实施目标化营销战略，紧紧依靠当地政府和市区旅游主管单位，进行宣传。最后，应建立自己的旅游网站，利用网络平台对自己的产品进行推销宣传。各地区应因地制宜，利用多种渠道创新乡村旅游营销模式。

4. 深化旅游供给侧，推进"旅游+"

以"旅游+"为手段，培育旅游新业态，助推振兴实体经济。大力实施"产业+旅游"行动，着力鼓励和引导企业加快创新。积极发展休闲农业，促进村庄一、二、三产业融合，促进乡村特色旅游资源产业化；积极推进"乡村旅游+互联网"的形式，形成全新的商业模式——村电商、乡村旅游"智慧"服务。

5. 政府主导

大力实施政府主导战略，进一步落实政府在旅游发展规划、基础设施建设、旅游行业管理等方面的行政管理职能，充分发挥政府在整体旅游形象宣传和促销中的主导作用。在制度设计、资源整合、政策配套、产业融合、基础设施完善、公共服务体系建设、市场营销、人才培训、引导性资金使用等方面发挥更加重要的作用。进一步加大市场监管力度，以市场为导向，以市场调研为基础，以产品开发为核心。针对旅游消费者的需求，开发适销对路的旅游产品，并随市场变化，适时调整产品结构，制定并实施科学的价格策略，建立广泛的销售渠道，采取灵活多样的促销手段，提高乡村旅游经营管理水平。

三、主要特点

（一）打造完善的旅游盈利系统

完善的旅游盈利系统是提高乡村旅游人均消费和重游率的重要保障，也是实现乡村旅游可持续发展的基础。仁占道村乡村旅游规划设置了特色食宿、藏乡花田、滨水原野、藏乡集市等旅游服务功能片区，并植入了藏家乐、帐篷营地、儿童乐园、酸奶坊、奶茶坊、射箭场、马队骑行等一系列丰富的旅游体验活动，能够支撑仁占道村人均非住宿旅游消费达到 100 元的目标。

（二）形成完整的旅游支撑系统

旅游基础设施、服务设施是仁占道村乡村旅游开发的短板，规划对仁占道村道路交通、环卫设施、旅游厕所、标识系统、照明路灯、停车场等旅游基础设施进行了系统提升，对游客服务中心、乡村客栈、藏乡美食餐饮等旅游服务设施进行了优化升级。通过提升旅游基础设施、服务设施形成了仁占道村完整的旅游支撑系统。

（三）创新特色的旅游产品体系

仁占道村的自然资源及人文资源具有一定的特色，立足自身优势条件，大力发展以民俗文化为核心的民族风情旅游，构建以美食为主的藏乡生活体验旅游，打造乡村旅游核心观赏景区以聚集人气，拓展田园风光及农耕文化体验，打造田园综合体，立足滨水场地及旅游资源，促进滨河景观的开发。依托特色民宿、藏乡人家打造藏乡文化体验产品；依托藏乡花田、藏乡集市、大地艺术景观、高原农业耕作体验打造田园观光体验产品；依托博拉河湿地打造高原滨水景观游赏产品；依托房车营地、帐篷酒店打造自驾露营体验产品。

（四）促进广泛的村民公众参与

仁占道村旅游规划方案初稿形成后，由勒秀乡政府、仁占道村委会、规划院三方组织召开了乡村旅游发展意见征求会，仁占道村农牧民、乡村旅游经营户、经商个体户对规划方案进行了讨论，对方案中涉及农牧户住房改造、旅游开发项目提出了具有建设性的意见。规划院按照村民意见对规划方案进行了修改，进一步增强了规划的可操作性。

（五）植入务实的旅游运营模式

综合仁占道村集体经济、仁占道乡村旅游发展合作社形成村庄内置金融发展模式，整合集体经济、合作社经济、乡村能人经济形成乡村旅游发展合力，采用由乡村旅游发展合社统一运营的管理模式，通过开放式景区形成观光旅游核心吸引物，内置营利性旅游活动点，形成仁占道村旅游盈利系统。

四、编制过程

（一）现场踏勘

规划编制初期组织规划团队对仁占道村进行现场踏勘，并对周边区域旅游开发现状进行了调查。一是详细梳理了仁占道村乡村旅游资源和现状业态，针对资源禀赋、现状业态对乡村旅游开发设想进行了现场研讨，明确了开发方向和发展共识；二是对周边乡村旅游开发现状情况进行了评估，按照差异化发展原则进一步明确了仁占道村乡村旅游活动内容、产品体系；三是通过现场踏勘了解了村民意愿，凝聚了乡村旅游开发共识。

（二）问题诊断

通过现场踏勘，规划团队发现仁占道村乡村旅游开发存在核心旅游吸引物不突出，旅游活动内容单一，旅游餐饮业态单调，缺乏反映村庄发展历史、地方文化特征的旅游产品。目前，仁占道村乡村旅游发展主要依靠过境观光游和周末休闲游，缺乏乡村旅游发展核心旅游吸引物；活动内容以滨水自然景观观光、藏家乐特色餐饮为主，缺乏参与性较强的旅游活动；旅游餐饮业态主要依靠藏家乐，发展水平较低，各个藏家乐餐饮菜品基本雷同，缺乏有较强识别度的餐饮品牌；对村庄文化历史资源挖掘不够，缺乏反映村庄历史信息的展览展示空间。

（三）村民评议

针对现场踏勘结果和问题诊断，与村民一道进行了规划座谈会。听取了村民的发展意愿和现实困难，针对村民反映集中的停车难、出行难、垃圾收集难

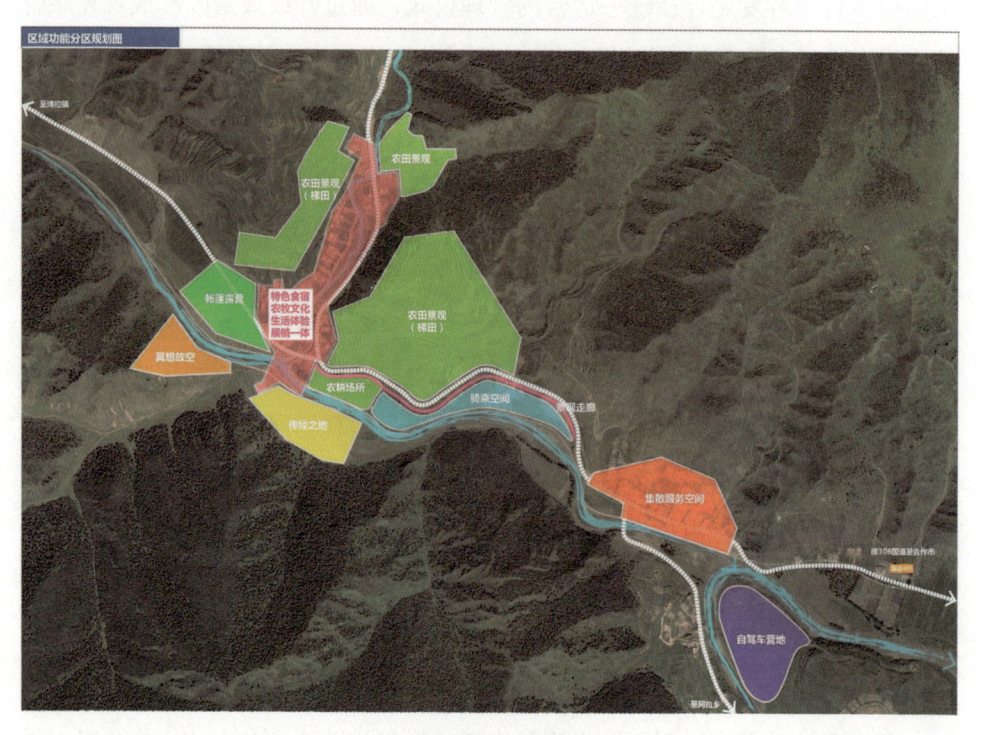

区域功能分区规划

问题，规划形成了旅游基础设施建设项目库；针对村民反映的村庄特色风貌问题，规划在村庄环境整治篇章专门提出了大门、围墙、庭院、厨房、卫生间、浴室的改造方案。通过村民评议，进一步增强了规划的可操作性。

五、实施情况

（一）项目建设

规划实施以来，完成了仁占道村道路提升改造、排水边沟、太阳能路灯、生态停车场、村庄入口景观、村庄旅游标识系统、建筑风貌改造、庭院美化、旅游公共厕所等一系列旅游基础设施的建设；同时，利用仁占道村乡村旅游发展合作社，集体投资建成藏乡花田、儿童游乐园等一系列观光休闲旅游活动设施，极大地改善了仁占道村乡村旅游接待服务能力。

（二）旅游富民

规划实施以来，仁占道村成立了乡村旅游发展合作市，通过草场入股、耕地入股形式吸纳入社群众 13 户，共开办藏家乐 5 户，马队经营户 2 户。旅游旺季各旅游活动点全部由旅游发展合作社统一经营管理，实现了乡村旅游人均消费超过 150 元，极大地改善了农牧民的经济收入水平。

（三）示范效应

仁占道乡村旅游开发对周边村庄形成了较好的示范带动作用，尤其让农牧民意识到了开展乡村旅游接待，主动升级餐饮服务，积极发展度假客栈旅游的经济带动作用。项目实施以来，带动了博拉河流域吉利、加门两个旅游村的发展。

临夏州河沿村旅游扶贫规划案例

兰州观城城市规划设计有限公司

河沿村乡村旅游概念规划

一、村情概况

（一）区位特征

地理区位：唐汪镇河沿村位于临夏州东北部洮河下游，东乡县唐汪镇中心位置。村庄紧邻镇区北侧，东与临洮县红旗乡隔河相望，北接照壁山村，西靠镇域群山。

交通区位：河沿村位于省会兰州市 1.5 小时生活圈内，村庄内县道 361 穿过，连接县道 376、唐达公路成为主要对外交通。村庄所在镇域曾为古丝绸之路南道上的必经之地。

文化区位：河沿村位于洮河下游谷地，自然生态环境本底良好，山水农林居构成完整的乡村田园生活。村庄内多民族杂居、多宗教共存，人文特色融于生态环境之中体现出河谷地区多民族融合的地域特征。

旅游区位：河沿村依托洮河谷地较高的旅游资源禀赋和临近兰州市等较大客源市场的条件，形成以生态观光和休闲体验为主的周末游，成为县域旅游发展的重点区域。

河沿村地处洮河河谷川地，农业资源丰富农耕文化较为明显。村庄北侧临镇域核心历史文化景观"红塔寺"和"丹霞一柱"，西临丹霞红山，东侧为大量平坦河谷农田。洮河自东南至西北流经，区域自然景观较丰富。

（二）资源优势

镇域内群山环绕自然生态条件良好，景观环境相对优越。山（丹霞地貌）、水（洮河）、农（田园风光）、林（百年杏树）等旅游资源丰富完整，组合度较高，构成了完整的乡村生态景观格局。

村庄由于多民族杂居、多宗教共存而呈现多元的地域文化，民居建筑、特色饮食、民俗节庆等均展现出丰富多彩的社会文化生活。

红塔寺历史文化、地域民俗生活等构成的人文资源融于田园川野、洮河杏林构成的自然生态环境之中，形成村庄旅游资源核心竞争力。

（三）发展潜力

河沿村所处的下游谷地随着洮河沿线经济发展和滨河二级公路的修建，依托村庄本身良好的山水林田生态环境、农业基础条件和人文特色以及交通区位改善带来的客源市场优势，其产业发展有着巨大潜力。

唐汪大接杏作为最具地方特色的旅游资源和产品，在甘肃省域范围内已经具有品牌和规模双重优势，而东乡饮食在区域内具有唯一性竞争优势，两者亦成为村庄未来旅游发展的优势。

二、规划思路

（一）规划目标

依托村庄良好的资源环境条件和乡村旅游发展前景，协同镇域"特色小镇"的建设和"一村一品"的规划原则，以农家田园生活为主题，结合东乡民族文化和地域特色，借助优越的自然生态环境，发展以自然生态观光游览为基础、川野农耕休闲体验为核心、田园乡居度假体验为辅助的乡村旅游。将乡村旅游作为推动第一产业积极发展的重要推手，进而带动村庄经济发展和整体风貌提升。

（二）规划原则

1. 生态性原则

生态环境作为村庄发展的基础条件，山水林田等一切资源的开发均应以保护、促进生态环境的改善为依据，以体现乡村田园风光和川野农业生态景观为基础。

2. 地域性原则

旅游资源质量很大程度上取决于与众不同的独特程度，遵从"一村一品"的打造方式，差异化各村落主题特色。村庄北侧的川野农田和老树是旅游活动中一个很重要的自然景观，旅游开发过程中，应尽量减少对原始自然环境的变动。乡村旅游规划的外貌、组成和空间结构应与地域景观相契合。

3. 体验性原则

深入挖掘资源禀赋，通过观光游览、赏花采风、举办文艺活动、杏子采摘、

甘肃

临夏州河沿村旅游扶贫规划案例

河沿村乡村旅游概念规划

田园生活体验等活动，将原本较单一的旅游模式逐步转向"自然生态观光 + 文化生活体验"的方式，增加游客的体验感和参与性。

4. 协调性原则

镇域内资源丰富，各个村庄的发展应根据其本身的资源条件和镇域内的区位特征，相互协调发展，最大限度地发挥其在整个镇域旅游层面发挥的作用，避免相邻村庄产生发展雷同或恶性竞争问题。

（三）规划理念

1. 自然生态格局为本底

借助村庄优良的生态格局，依托丹霞地貌、洮河、农田、杏树等自然要素构成川野田园观览的大剧场、河湟古道休闲的大驿站。

2. 地域人文特色相融合

通过"农业"与"旅游"相结合，以乡村的自然生态、农业生产和田园风光为基础，以民族特色和地域文化民俗为重点，将村庄打造为乡村生活体验的大本营、民俗文化品位的大观园。

（四）规划策略

1. 提升镇域历史文化形象

依托红塔寺历史文化积淀，以丹霞一柱、农田景观、田野百年杏树等为核心资源，新增游客综合服务中心、伴手礼销售中心等服务配套设施，建设乡村记忆馆、杏花景观道等民俗及观光项目，把红塔寺景区建设成3A级旅游景区，作为整个镇域的历史文化高地。

2. 创意开发乡村旅游产品

通过对洮河、河滩农田、百年杏树、红塔柱等自然资源和红塔寺、民俗节庆、特色饮食等人文资源的要素提取，打造形成"乡村观光 + 生态休闲 + 文化体验 = 乡村旅游"四个层级的乡村旅游产品体系。利用村庄民居形成包含民居摄影写生、文化研学等民俗观光游览产品的特色民俗村；由茶艺会馆、杏园农家组成的生态农庄美食体验地；集大地艺术景观、百年杏林、杏子采摘、向日葵摄影、农耕体验的田园观光示范区；以及由滨河漫步道、观景台和渡口驿站构成的洮河湿地景观带。

3. 完善乡村旅游配套设施

通过在红塔寺旁增设停车场、增设林荫小道和观光电瓶车等方式完善村庄旅游交通体系，通过对村庄民居建筑进行改造形成农家旅舍，通过新建游客服务中心和完善标识系统等方式完善村庄旅游配套设施。

4. 创新乡村旅游营销模式

强化以洮河、唐汪杏为品牌、"丝绸古道河湟口，陇上杏花第一村"的镇域旅游形象，联合周围市县共同打响洮河沿线的旅游宣传。基于此创立乡村旅游信息咨询网站，注重推广公众号、广告宣传的创意，选择电视网络媒体进行重点宣传，利用软广告和户外广告，编印各类乡土气息旅游宣传品。办好杏花会、杏子采摘节等大型节庆活动，积极推广组织乡村采风、摄影竞赛、民俗文化艺术展等活动，积极创办新型有影响力的乡村旅游节事活动，力争形成品牌。

5. 以村民经营为主，政府扶持为辅，积极争取企业参与

在目前旅游发展初探期，通过村民独立经营的模式，改造民居进行灵活的小规模投资以发展农家乐。为避免恶性竞争和村庄自然生态和文化特色的过度开发，宜采用"政府扶持 + 村民经营"模式，即在农户经营的基础上，政府通过资金补贴和产业引导等，对旅游开发的产品、开发形势及开发方式进行大力扶持。

三、主要特点

（一）多尺度视角

考虑到西北地区乡村资源呈现散点分布、独立发展和大尺度空间下差异性

明显、小尺度空间下整体趋于相似的特点，为解决开发难度大、不成体系等问题，河沿村乡村旅游规划考虑从镇域—村庄的旅游体系发展入手。根据各个村庄资源条件和空间位置的差异，划分四种不同发展模式和旅游服务类型的村庄。基于此考虑河沿村在此过程中发挥的功能，继而进行详细的规划设计。

（二）多要素融合

由于村庄资源等级较低规模小且零散分布，故单个资源的开发利用不具有较大价值，因此规划考虑其自然资源、人文资源和基础设施建设等多要素的融合。例如，形成围绕红塔寺历史文化资源，由丹霞一柱、油菜花海、百年杏树等自然资源和文化广场、游客服务中心等设施共同组成的核心文化景观区域；打造洮河驿站等渡口文化资源、洮河生态资源和游憩步道、观景平台等设施共同组成的洮河湿地景观区等。

（三）多主体参与

针对目前村庄村民独立经营农家乐的旅游发展现状，规划考虑未来发展，建议采用"村民经营+政府扶持"的运营模式，来降低开发成本，扩大规模经济提高效率。目前大规模的油菜种植是在政府的大力扶持之下，村民各自配合经营。这种模式中政府扶持解决了旅游开发中的资金与政策困境，充分保障了村民参与的自主权和积极性，且有利于保持乡村本土特色和自然风貌。

四、编制过程

（一）现场踏勘

规划编制通过基础资料收集和现场调研两方面进行了前期分析。首先，通过对接县乡级行政部门了解村庄基本信息，通过一系列基础资料的整理对村庄的资源条件和发展现状有了初步掌握。其次，进行现场踏勘，对资源现状进行了详细梳理和评价，并对周边村庄的发展情况进行了一定的考察，对整个镇域的旅游发展有了整体认知。最后，深入调研河沿村内基础空间要素的现状，如村庄入口、民居建设、公共空间、基础设施和标识系统等，并对其改善提出一些设想。

（二）问题诊断

通过实地考察，规划团队发现河沿村乡村旅游存在以下问题：

一是资源本身等级较低规模小，且在空间上呈现零散分布状态；二是资源开发以农业观光和采摘初级产品为主，对其内涵的挖掘程度不够，进而导致产品类型单一；三是村庄现状旅游模式以观光休闲游为主，对村庄产业的带动较小；四是资源导向带来的村庄旅游季节性问题突出，这使得落后的旅游设施无法满足高峰时期的游客需求，明显的淡旺季季节性因素使得旅游设施的均衡配置成为难题；五是目前村民自主开发模式下的各村庄差异性逐步减弱，如农家乐形式风格雷同，缺乏创意。

（三）村民评议

通过进行村民和游客进行线下和线上访谈，收集诊断，我们了解到村庄目前主要存在旅游发展导向、设施完善和村庄风貌整治三方面的问题。停车难、公厕难找和食宿安排成为困扰游客的核心问题。村民角度下，更多聚焦于村庄公共空间、民居风貌特色和对村庄发展带来的收益问题的考虑。

针对以上问题，规划确定了村庄旅游发展方向、完善了旅游基础设施布置、提出了民居和空间风貌改造的相关建议。

五、实施情况

（一）项目建设

规划实施以来，完成了道路两侧的垃圾整治、标识系统的完善以及红塔寺景区停车场和文化广场的建设，并围绕红塔寺进行了较大规模的油菜花种植，形成油菜花海，提升了周围的生态景观品质。在此基础上，4月份依托杏花举办了集文艺演出、采风摄影、体育竞赛为一体的文化活动，6月份依托油菜花海吸引大量的游客进行观光休闲、摄影采风，以此丰富了乡村旅游的内涵。

（二）口碑效应

河沿村成功的旅游发展扩大了整个镇域的影响力，网络等多种媒介手段的

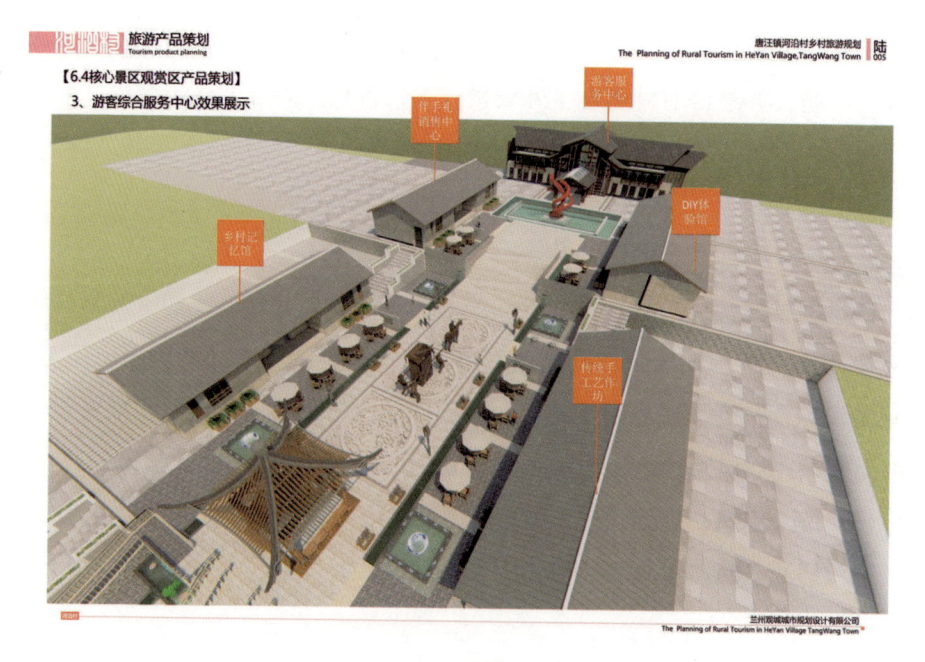

河沿村乡村旅游概念规划

文化传播使得"陇上杏花第一村"的形象已在一定区域内产生影响,形成口碑效应。

(三)文化自信

村庄旅游的发展为村民带来了一定的经济收益,政府相关政策的大力支持调动了村民的生产积极性。在获得相应的收益和接收到来自外界良好的信息反馈之后,本地村民已经逐渐意识到村庄自然生态环境和人文特色的重要性,并引以为自豪,即在良好的乡村旅游发展之下村民重拾文化自信。

临夏州拔字沟村旅游扶贫规划案例

北京绿维文旅科技发展有限公司

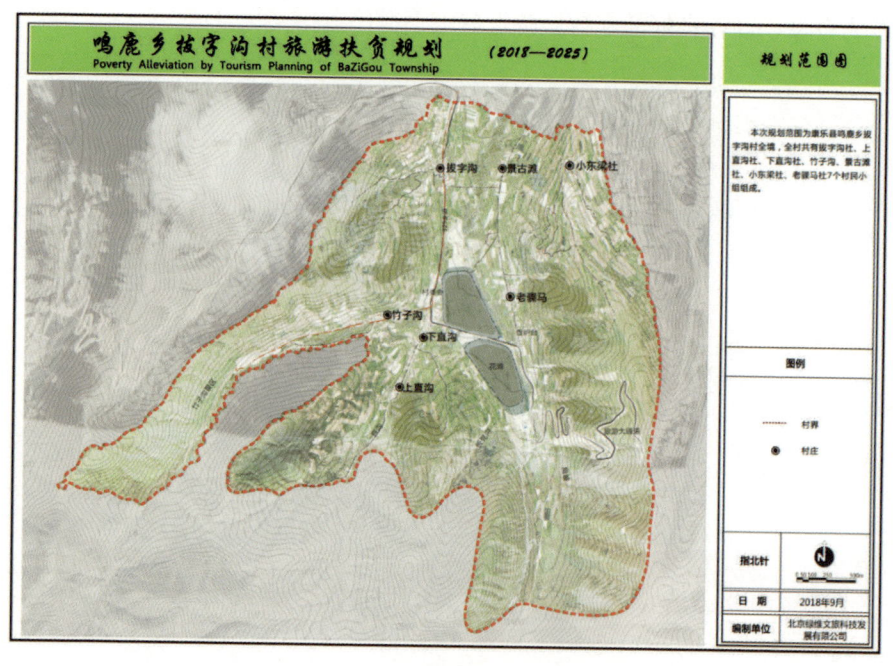

规划范围

为了落实中共中央办公厅和国务院办公厅《关于支持深度贫困地区脱贫攻坚的实施意见》的具体要求，助力甘肃省临夏州实现精准扶贫，临夏州编制了《甘肃省临夏回族自治州康乐县鸣鹿乡拔字沟村旅游公益扶贫规划（2018—2025）》。本次规划范围为康乐县鸣鹿乡拔字沟村全境，全村共有拔字沟社、上直沟社、下直沟社、竹子沟、景古滩社、小东梁社、老骡马社 7 个村民小组，总面积约 11.66 平方公里。

一、村情概况

拔字沟村位于鸣鹿乡南部 5 公里，全村辖 7 个社 220 户 1025 人，有耕地 1980 亩。主要种植小麦、玉米、洋芋、油菜、蚕豆等农作物，全村种植旱作农业玉米 1000 亩、当归 500 亩、云杉 300 亩，养殖牛 200 头、羊 650 只，全村从事服务业等 50 人，年均输转劳务 405 人。

村内有竹子沟景区。2015 年开始，县上委托甘肃康美现代农牧产业集团有限公司对竹子沟自然景区进行保护性开发。依托竹子沟景区，拔字沟村村民积极参与到乡村旅游中来，村民从土地流转、经营农家乐和农家旅馆、销售自产农特产品、开展骑马服务等项目中受益。目前，拔字沟村已开办农家乐 5 户，经营特色小吃 10 户，开展骑马项目 8 户，在康美农庄务工 12 人，年接待人数 5 万人次，旅游收入 250 多万元，从业人数 100 多人，从业农民年均收入 4000 多元。乡村旅游成为农民增收的新亮点。

二、规划思路

本规划从拔字沟村发展痛点出发，深挖区域贫困成因，在对旅游资源的分析和整合基础上，确立旅游扶贫的具体目标。通过重构产业发展体系、丰富旅游产品业态、完善基础设施与公共服务设施建设等一系列工作，形成旅游扶贫的基本模式，并在资金、农户参与、旅游人才培训等方面，提出了旅游扶贫的具体解决方案，实现区域的精准扶贫。

（一）找准区域发展痛点

通过对拔字沟村旅游发展条件的分析，得出区域开发痛点主要四点：一是产业结构单一；二是体制机制和发展模式滞后；三是资源利用率不高；四是要素不齐，呈现出碎片开发形式。如何实现在旅游业带领下的三产融合发展，推动资源变资产、资金变股金、农民变股东，践行"绿水青山就是金山银山"的理念，实现区域统一规划、统一开发、统一指导培训，是拔字沟村亟待解决的难点问题。

（二）确立项目总体定位

拔字沟村旅游发展虽有一定的基础，生态环境保护完整，乡村生态肌理清晰，田园风光优美动人，但旅游开发度较低，旅游目的地吸引力还不够，基础设施不完善。若要将拔字沟打造成为康乐县、临夏州新的乡村旅游目的地，需要在充分挖掘自身优势、分析周边旅游资源的基础上，打造独具特色的旅游产品，促进社会经济发展，促进乡村发展，促进农民增收致富。

因此，本次规划的总体定位为：顺应全民旅游黄金时代背景，聚焦乡村旅游，借势竹子沟景区、太子山保护区，秉持保护性开发的生态理念，补缺区域休闲旅游市场，以原乡风情、生态田园为基底，以竹子沟景区为发展极，打造集休闲娱乐、生态观光、原乡体验、度假避暑、户外拓展、露营放牧等多功能于一体的乡村牧场生活体验旅游度假区。

（三）明确旅游扶贫目标

本规划从产业发展、人均收入、贫困人口数量、产业结构四方面，确立了立体化的旅游扶贫目标，具体如下：

1. 旅游产业发展

以竹子沟景区和竹子沟牧场为引擎产业，利用2~3年的时间，通过对旅游基础设施和服务设施的投资建设，使拔字沟村具备旅游接待能力。预计到2020年乡村旅游人数达到13.3万人次以上，旅游业总收入达到3503万元以上；2025年乡村旅游人数达到61.1万人次以上，旅游业总收入达到35011万元以上。

2. 人均收入提高

加快第三产业发展步伐，促进产业结构调整，带动旅游及相关产业发展，增加农民收入，实现农民脱贫致富。解决农村人口就业，让出门在外的本乡人回流农村，建设家乡。预计到2020年可增加直接就业人员352人左右，间接就业人员500人左右。

3. 贫困人口减少

通过乡村旅游扶贫开发，拔字沟村乡村旅游扶贫脱贫攻坚取得显著成果，至2020年年底，实现贫困人口的全部脱贫，脱贫比例达到100%。

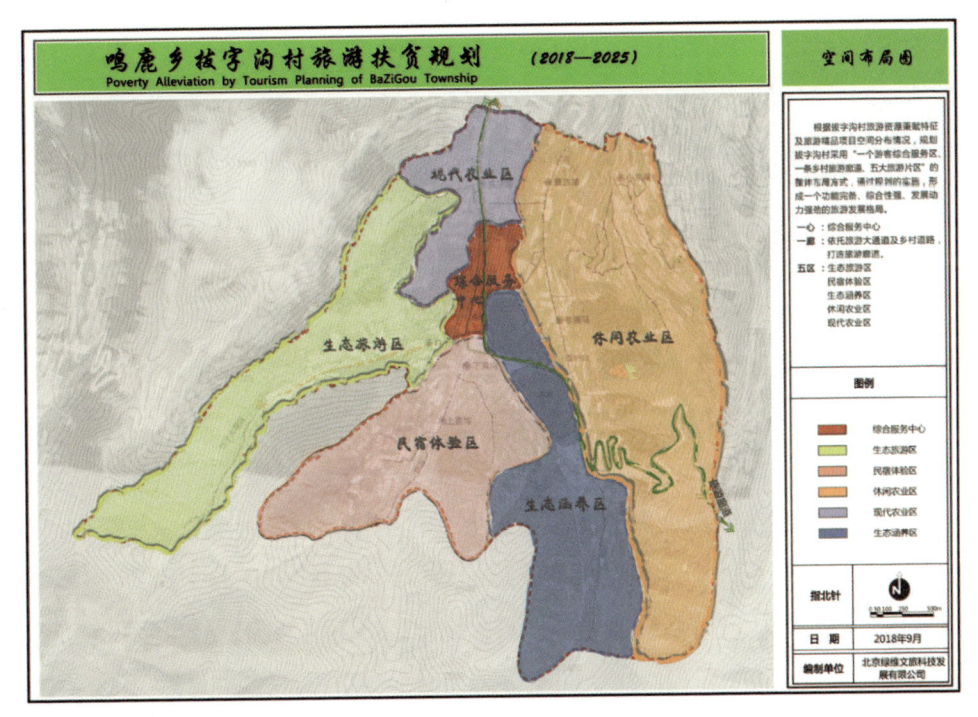

拔字沟村空间布局

4. 产业结构调整

通过乡村旅游扶贫开发，实现产业结构调整升级。依据拔字沟村实际发展情况，打破传统农业发展模式，形成以旅游业为主导，第一产业为支撑的产业结构格局。

（四）打造全季节全时全产业链体系，产业项目带动片区发展

产业构建方面，利用"双生"切入产业发展，即以生态旅游、健康养生切入，集聚人气，提升价值，形成区域经济发展的持续动力。以牧歌田园体验、户外休闲为核心，打造全季节全时全产业链体系。通过引擎产业项目带动主题片区居业共生、自我循环，片区间有机联动盘活全域。

功能分区方面，根据拔字沟村旅游资源特征及旅游精品项目空间分布情况，规划采用"一心一廊五片区"即"一个游客综合服务中心、一条乡村旅游廊道、五大旅游片区"的整体布局方式，形成一个功能完备、综合性强、发展动力强劲的旅游发展格局。其中，五大旅游片区分别为生态旅游区、民宿体验区、生态涵养区、休闲农业区、现代农业区。

（五）完善基础设施布局与建设

按照拔字沟村乡村旅游功能分区组织和项目布局，依据旅游基础设施和公共服务设施的相关规范，本规划将服务设施布局为"一心多节点"，主要服务中心位于村委会，提供整个区域管理咨询、导游、购物、住宿、停车、医疗、餐饮等综合服务，游客可以在此开展民俗节事体验、餐饮购物、娱乐休闲等活动。

规划区内其他节点配置相应服务设施，包括停车场、游步道、旅游厕所、旅游标识引导系统、旅游信息化系统等的建设，同时实施道路交通系统规划、给排水工程规划、电力系统规划规划等，完善区域内的基础设施和公共服务设施建设。

甘肃

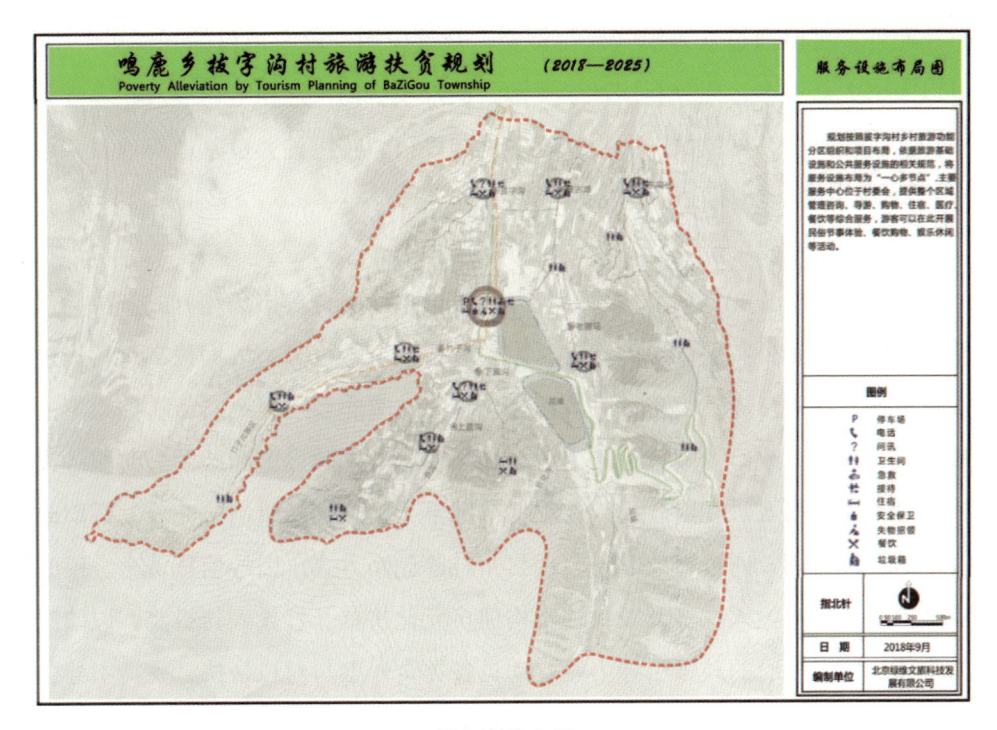

临夏州拔字沟村旅游扶贫规划案例

服务设施布局

（六）构建旅游扶贫模式

在对拔字沟村彻底调查的基础上，项目组充分了解村庄贫困人口的现状和致贫的根本原因，从解决发展资金入手，做到"景区+社区"融合发展，导入多种业态，助力当地产业结构调整升级，通过"一户一策"、人才培养等方法，形成了具有可操作性、可落地性的旅游扶贫模式。

1. 引导社会资本投入

规划区引导社会资本投入的主要模式可充分借鉴国家正积极推广的 PPP 模式，通过 PPP 模式引入社会资本，使政府与社会资本方建立利益共享、风险共担的伙伴关系，形成多元化、可持续的资金投入机制，为减少地方债务，加快规划区的旅游脱贫步伐。

137

此外，可以通过众筹模式获得资金，众筹应用于旅游项目的开发运营中，可以吸引大众资本，充分利用社会资源，助推项目的快速稳定发展。在本规划中，具有投资小、见效快、回报稳定的主题民宿、特色种养殖基地等项目，可以采用众筹的方式进行开发运营。

2. 各级财政资金配套

拔字沟村旅游产品项目的建设投入主要由招商引资等市场化方式解决，但旅游基础设施和公共服务设施建设，需要政策性资金投入。根据拔字沟村当地实际情况，可以形成甘肃省—临夏回族自治州—鸣鹿乡三级政府帮扶体系下的资金配套，加大政府的政策引导力度，加强在旅游基础设施和旅游公共服务设施建设方面的投入。在财政投入有限的情况下，必须创新机制，充分发挥财政资金的杠杆作用，通过财政贴息、项目奖补等创新方式，引导信贷资金、民间资金等社会资本投入扶贫开发，逐步构建多元化扶贫开发投入新机制。以政府为主体，加大政府的政策引导力度，动员各类企业参与对口帮扶，支持引导各类非公企业、社会组织、爱心人士采取定向、包干、与贫困户结对等方式参与旅游扶贫。

3. 农户参与机制设计

作为旅游扶贫村，拔字沟村发展乡村旅游的最终目的是让当地村民增收致富，实现城乡融合发展，通过"景区＋社区"的融合模式，让拔字沟村村民参与进来，成为拔字沟村旅游发展的主力军，通过房屋、宅基地、土地承包使用权、资金、技术等方式投入旅游开发，充分体现"乡村事务，农户参与"的主旨，通过不同模式的探索实现拔字沟村生态、文化的保护和经济的持续发展。本规划设计了"政府＋企业＋农户""景区＋农户""协会＋农户""景区＋协会＋农户""农户＋农户"以及独立经营等多种模式。

4. 旅游扶贫业态策划

通过策划多元化的旅游扶贫业态，为区域脱贫提供内生动力。根据区域实际情况，本规划可以导入农家乐、民居客栈、土特产品制作与售卖、养生山吧、特色种养殖、农副产品加工、乡村酒店等多种业态，实现产业融合发展，助力区域脱贫致富。

5. 开展旅游人才培训

为满足规划区的旅游与产业发展需求，本次规划针对不同的参与对象，开展不同内容的培训，如旅游经营管理培训、旅游接待培训、旅游技术培训等，以使各个参与对象均具备足够的技能，参与到规划区的各项旅游及产业等活动中去，更好、更快、更有效率地推动规划区旅游扶贫工作的进行。

6. 对贫困户精准指导

采取"一户一策"措施，对建档立卡贫困户进行精准扶贫指导，指导贫困户从事旅游接待、劳动用工和特色旅游商品加工等工作，落实帮扶责任。在旅游接待、劳动用工、人才培训等方面优先考虑"建档立卡"的贫困户人员，使贫困户早日享受旅游发展带来的成果。建立完善投融资主体，制定优惠政策，加快推进贫困村征信体系建设，全面开展有信贷需求的贫困户评级授信工作，扩大贫困户信贷力度，对暂时经营困难的贫困户旅游产业给予倾斜支持。

三、主要特点

本规划前期工作扎实细致、调查研究深入，对拔字沟村旅游资源把握较为全面，对客源市场现状分析较为准确，对拔字沟村旅游扶贫发展模式、发展路径等方面的规划科学合理，符合拔字沟旅游发展实际，具有一定的前瞻性和可操作性。本规划主要特点有以下三点：

（一）始终坚持旅游开发与生态保护并重

拔字沟村山峦叠翠、沟壑纵横，农牧田园交会，层层叠叠的梯田随山势而生，其资源禀赋突出、景色优美，在游客心目中素有"中国的新西兰"的称号。因此，本规划突出生态保护的重要性，结合区位旅游资源及民俗文化，以新西兰风格进行打造，建有竹子沟牧场、直沟民宿体验区、霍比特小人国等，以"乡村牧场生活体验旅游度假区"为发展定位。

（二）探索新模式，助力景区社区融合发展

拔字沟村旅游扶贫规划积极探索竹子沟与社区融合的新模式，实现景区与社区的双赢。景区和社区不可分割，景区不仅要利用社区为景区提供服务，还要把社区作为景区来建设，社区参与旅游能实现旅游业的可持续发展，缓解资源压力，促进环境保护。社区居民参与旅游景区建设，可以拓宽就业渠道，增加居民经济来源，促进景区社区旅游的良性发展。社区居民参与旅游有助于社区文化的建设，维护突出的社区旅游形象。通过发挥竹子沟景区的龙头作用，深挖竹子沟景区旅游内涵，帮助社区居民脱贫致富，实现景区社区互利双赢的效果。

（三）注重一二三产业融合发展

《国务院办公厅关于推进农村一二三产业融合发展的指导意见》中指出农村一二三产业融合发展，是拓宽农民增收渠道、构建现代农业产业体系的重要举措，是加快转变农业发展方式、探索中国特色农业现代化道路的必然要求。本规划从产业链的打造入手，以"回归乡野，回归自然"为发展方向，从一二三产业发展角度规划项目，旨在通过规划的实施，形成全季节全时全产业的发展结构，构建一个功能完备、综合性强、发展动力强劲的旅游发展格局。

四、编制过程

本规划以党的十九大精神为指导，准确把握国家扶贫战略和旅游发展战略，在甘肃省旅游发展委员会的指导下，以北京绿维文旅科技发展有限公司为主创团队，集结具有业界影响力的旅游规划专家、策划专家、景观设计专家、旅游

咨询专家，历经数月编制完成。本规划在对拔字沟村的村情、贫困现状和成因、旅游资源条件等多个方面进行详细调研和分析下，因地制宜进行编制，并经过多轮专业评审与修改，最终定稿成型。

（一）前期准备阶段

1. 组建专业规划团队，制订可行的工作计划

规划编制前期，组织专业人员，成立规划小组及专家小组，制订编制工作计划，包括最终成果的内容、完成期限、阶段目标、操作方法与技术可行性安排。

2. 采取多样调查方法，广泛全面的调查研究

一方面对国家政策法规进行详细剖析，把握政策方向。另一方面对项目地资料进行收集，主要有两种渠道：一是通过地方主管部门，收集项目地的人文资源资料、自然资源资料以及当地相关政策、规划等资料；二是通过实地勘探、座谈会、电话采访、调查表发放等形式，对当地及周边地区，与旅游相关的众多因素进行调查。

3. 利用多元专家团队，精准可信的初步分析

一是对区域旅游资源进行整体分析，助力拔字沟村旅游扶贫及三产结构升级和转换，统筹城乡一体化发展。二是开展现状评价，主要包括市场评价、资源评价、开发状况评价、保护状况评价、产业结构评价、管理机制评价、已有规划与政策的实施状况评价。三是进行市场预测，对旅游者到达该地区所需的时间和消费情况进行分析，并与竞争地相比较，确定能被吸引的旅游者种类及数量，对旅游需求进行分析与预测。最终，在资源调查、现状评价、市场预测的基础上，进行旅游客源市场综合分析、形势分析、发展机会与风险分析，对与当地社会经济发展规划、城市规划和其他相关规划的关系进行研究，并研究旅游发展政策、管理机制。

（二）规划编制阶段

根据项目调研以及综合分析成果，由专家小组进行指导，编制旅游扶贫规划。策划拔字沟旅游发展的主题和核心产品；确立规划分期及各分期目标；提出旅游产品及设施的开发思路和空间布局；设计重点旅游开发项目，估算投资规模，进行经济、社会和环境评价；形成规划区的旅游发展战略，明确商业模式，提出规划实施的措施、方案和步骤，包括政策支持、经营管理体制、宣传促销、融资方式、教育培训等；撰写规划说明书初稿，制作平面布局等相关图件。

（三）优化与评审阶段

规划初稿形成后，提交专家小组进行审核讨论，征求专家意见和建议，在此基础上对规划初稿进行修改、充实、完善，再次组织评审，形成规划终稿。

五、实施情况

《康乐县鸣鹿乡拔字沟村旅游扶贫规划（2018—2025）》成果对拔字沟村脱贫攻坚、旅游发展、经济发展有重要指导作用。项目地主管部门按照规划中年度任务进行细化、量化分解，制订行动计划。为确保行动计划落到实处，各相关责任单位高度重视，成立领导组织，细化工作任务，明确专人负责，狠抓工作落实。

截至目前，在规划落地实施的八个月中，主管部门大力完善基础设施和服务设施，积极开展乡村旅游和景区建设，村民参与旅游建设，发展精品民宿和原乡院子等。同时，主管部门也加大市场促销力度，实施人才引进计划，从而吸引社会资本，这些均对拔字沟村发展起到极大的促进作用。

黄南州双朋西村旅游扶贫规划案例

青海省景源规划设计有限公司

双朋西草原

一、村情概况

　　双朋西村位于黄南藏族自治州同仁县东南部，同夏公路沿线，双朋西乡政府所在地，是藏民族聚居区，东北与循化县岗察乡接壤，南连瓜什则乡，西与保安镇毗邻。双朋西村处于青海甘肃旅游通道上，连接同仁热贡艺术区和甘南拉卜楞寺，日通车量约为2000辆，是甘青旅游通道的重要节点。

"三区三州"
旅游规划扶贫公益行动优秀规划案例选编

村内寺院　　　　　　　　村庄民居　　　　　　　根敦群培大师故居

　　双朋西行政村下辖2个自然村，即双朋西自然村和桑格拉卡自然村，全村总人口265户1328人，其中，汉族2人，其余均为藏族，现有劳动力443人；建档立卡贫困户46户211人，贫困人口占总人口的15.89%；五保户3户共3人，占总人口的0.23%。

　　双朋西村是国家级传统村落，属于半农半牧村。2017年年底，全村农牧民人均收入为4568元，贫困户人均收入为3398元。双朋西村于2010年和2016年分别获得"篮球之乡"和"最美乡村"称号。

　　双朋西村拥有丰富多彩的民族文化和宗教文化，如唐卡、堆绣、雕塑等传统民间艺术，以及藏乡六月会、热贡藏戏等。双朋西村还是根敦群培的故居、夏嘎巴大师的修行地。

　　双朋西村山多地少，村庄建设建筑密度高，用地紧张，基本满足村民的居住，但缺乏未来发展空间。耕地主要分布在村庄周边以及山坡台地，林地主要集中在村庄东、南、西三面峡谷山地，水体主要分布在村庄四周峡谷中。

整体来说，双朋西村现状缺少公共活动空间，但外围的田园、森林与峡谷可用于开展旅游活动的空间充足。

二、规划思路

（一）村庄旅游发展基础

双朋西村生态旅游资源丰富，个性突出、特色显明，景观组合度高，处于高山草甸，呈现"高山+森林+草甸+梯田+河流"的生态自然景观格局，具有一定的市场吸引力，是同仁地区精品旅游资源之一，适合开发生态观光、休闲娱乐、草原度假及自驾车营地等旅游产品。

双朋西村为藏民族聚居区，当地的农牧生活创造了丰富多彩的人文旅游资

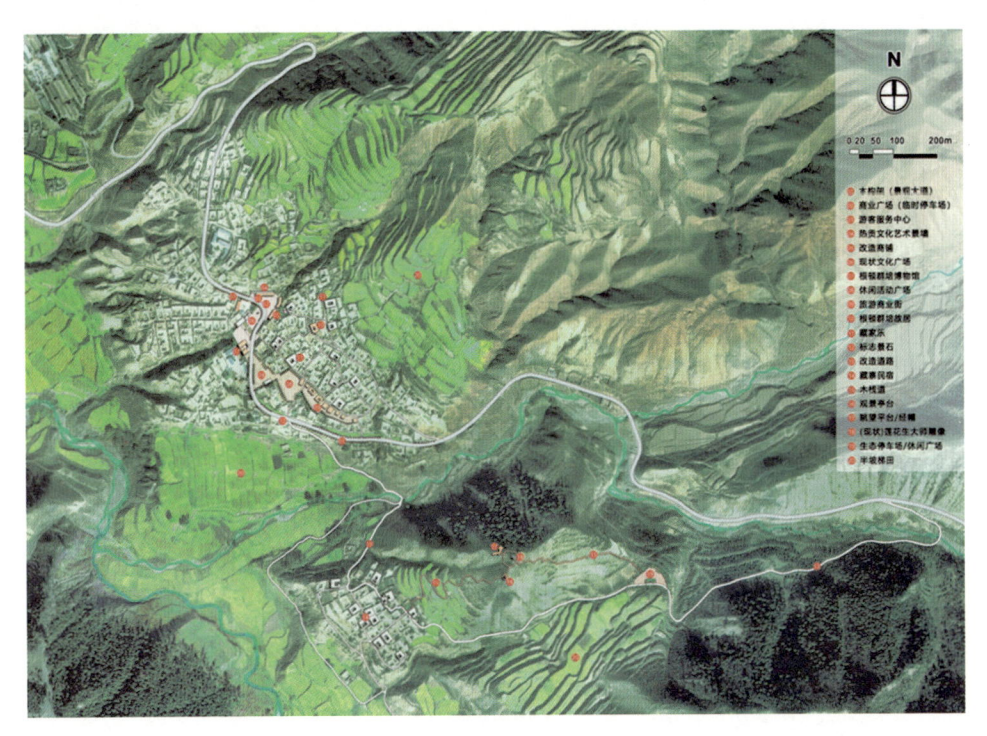

规划总图

源，民族风情浓郁，为开展具有民族文化色彩的旅游活动奠定良好的基础。但全村农牧民收入来源单一，贫困程度较深，需另辟蹊径，通过发展乡村旅游实现全村脱贫的目标。

双朋西村村庄民居建筑密集，依山就势随地形自然分布，村庄公共活动空间和可供建设的土地有限，为发展乡村旅游带来不便。

双朋西村毗邻同仁县，距离县城33公里，距离省会西宁市约180公里，西距离甘南夏河县拉卜楞寺约70公里，处于甘青旅游通道的重要节点，区位和交

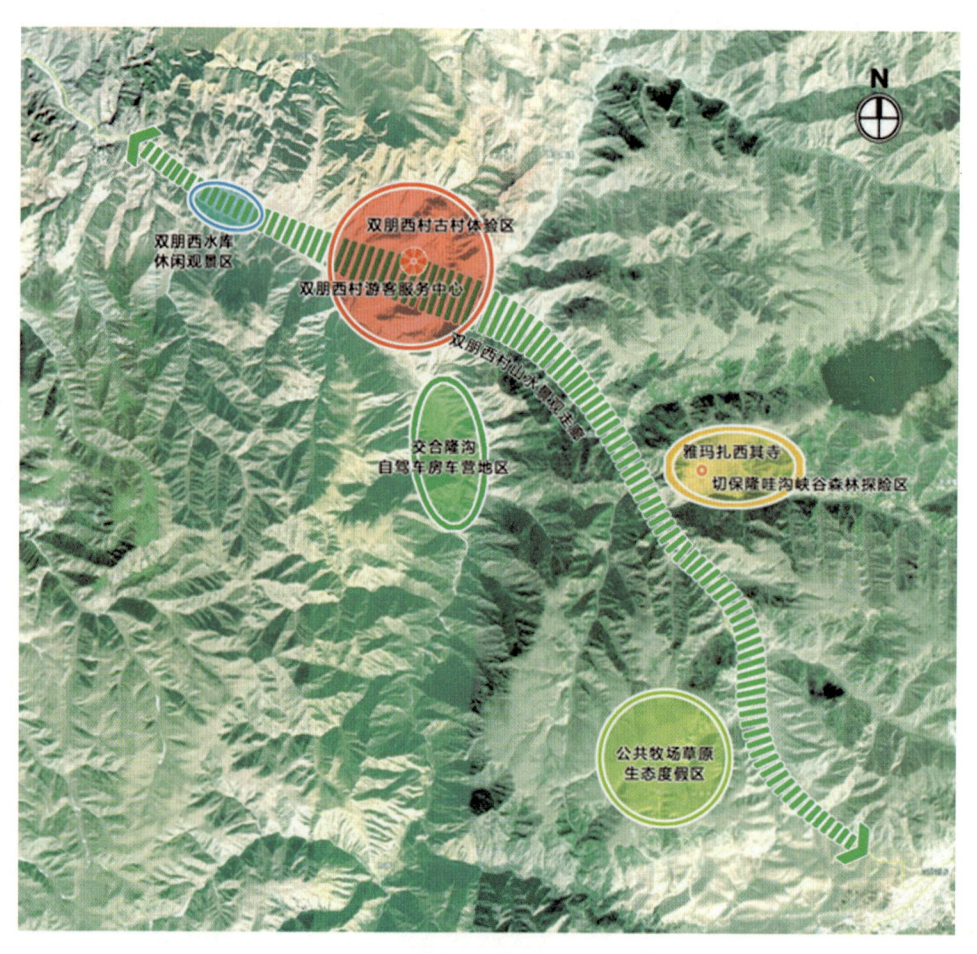

总体结构规划

通优势明显。

双朋西村作为甘青旅游通道上重要的中途驿站，自然生态环境良好、景观优美、民俗文化旅游资源较为丰富，有着良好的区位与交通条件，加之青海省大力发展生态旅游、乡村旅游等宏观政策导向机遇，使得双朋西村具备开发的基础条件。

（二）总体发展方向

双朋西村发展方向为特色村寨型，依托藏乡民俗文化、宗教文化、热贡艺术及生态资源等，以双朋西村传统村落为核心，开展藏家原乡民俗体验旅游。

（三）发展策略

策略一：紧抓机遇，加速发展

紧紧抓住中央扶贫工作会议的政策机遇，积极申请各类扶贫政策与资金，为双朋西村发展乡村旅游保驾护航。

策略二：绿色生态，乐享自然

返璞归真、原乡体验。在旅游产品开发中，结合藏乡风土人情，以乐享自然为核心，让游客充分享受村庄的自然山水格局和传统建筑形态，切身体验高原藏乡原真的生活方式与生产方式，认识藏乡的农牧原乡文化遗产。

师法自然、美化乡村。在乡村风貌整治与景观节点提升中，要用自然的手法来保持村庄原有的乡土特色，避免城市化的规划设计打破乡村的原

林下村庄

乡氛围。同时，在发展旅游业时注重与农牧业充分融合，提取民族文化元素，景观化处理村庄基础设施与旅游项目的设计细节。

保护生态、体味原真。在乡村旅游开发的过程中，尊重并加强保护当地的生态和农牧民生活、生产环境，同时鼓励村民大力发展青稞、油菜等当地农作物经济，以及牛、羊养殖产业，做到旅游业和农牧产业发展两不误。而青稞和油菜是展现双朋西村梯田风光魅力不可或缺的主要载体，增添村庄生态田园的自然气息，同时可供游客原乡农耕体验和品味特色农产品餐饮美食。

此外，双朋西村还可发掘冬虫夏草、大黄、黄芪等珍贵药材和草原黄蘑菇等原生态食材，开展特色旅游商品售卖，供外来游客体味原生态的绿色健康生活。

策略三：立体活动，全时体验

在充分利用村庄外围的梯田、峡谷、森林与草原，以四季景观全覆盖为目标，以提高游客的参与性与体验性为宗旨，策划四季交融、昼夜交替、全景视野、室内室外、观光体验并重的特色旅游活动。

村庄全貌

丹霞地貌景观

策略四：节庆搭台，民俗唱戏

在丰富的藏族传统节庆活动的基础上，策划系列与民俗文化体验、乡村旅游相关的藏乡文化主题节庆，将双朋西村精彩多样的民间艺术、传统体育、手工技艺、民俗活动等非物质文化遗产贯穿其中，让游客充分体验藏乡传统村落的文化魅力。

策略五：设施配套，品质乡村

全面提升双朋西村的基础设施和服务设施，并将设施与乡村景观结合，为发展乡村旅游提供良好的环境。同时，在进行基础设施和服务设施配套时要以构建美丽乡村为目标，应体现完善性、景观性、乡村性和适用性。

策略六：政府主导，社区营造

政府在政策措施、招商引资、人员培训、运营管理等方面进行主导，社区村民全面参与乡村旅游的建设与发展，最终形成自组织、自治理和自发展，实现脱贫致富。

（四）发展路径

一年见效，两年成效，后期持续发展。

旅游起步阶段（2019年）：以基础设施建设和村落环境改造为基础，以精准扶贫为核心，以乡村观光为重点，建设游客服务中心、旅游商业区及观光栈道，启动乡村旅游开发。主要发展途径为土地整理、基础设施建设、农业产业优化、公共服务设施配套、村落环境提升、社区村民培训、招商引资、示范藏家乐及民宿建设等。

旅游突破阶段（2020年）：系统推进环境优化和项目统筹开发，注重提升村庄的体验性，开展传统民俗活动，重点建设根敦群培纪念馆、藏家乐、藏乡民宿等，旅游实现由村庄建设向景区建设的突破，成为同仁地区知名的乡村旅游示范村和美丽藏乡休闲驿站。

旅游提升阶段（2021—2025年）：全面优化提升双朋西村的旅游产品体系，按照高标准建设打造公共牧场草原休闲度假区，启动角合隆沟自驾车、房车营地建设以及双朋西水库休闲观景区和切保隆哇沟峡谷森林探险区的旅游资源开

村庄广场与戏台

青海

黄南州双朋西村旅游扶贫规划案例

山村小景

发,创建热贡百年古村体验旅游目的地、西部美丽生态藏乡生态休闲驿站、青海乡村旅游精准扶贫示范村。

(五)规划布局思路

双朋西村民居相对集中,为藏族传统村落,传统建筑风貌保持完整,适合开展藏家乐、特色民宿及藏乡民俗文化体验;角合隆沟环境幽静、自然,适合布置自驾车营地及露营地;公共牧场草原风景秀丽,适合生态度假休闲;切保隆哇沟森林茂密、峡谷悠长,可结合雅玛扎西其寺游览线路开展森林徒步健身活动;新建水库区可结合水产养殖开展休闲观光及水上娱乐项目。

(六)规划空间结构

一廊一核四区

一廊:以同夏公路为基础的双朋西村山水景观走廊

一核:双朋西村为核心的古村体验区

四区：双朋西水库休闲观景区
　　　角合隆沟自驾车房车营地区
　　　切保隆哇沟峡谷森林探险区
　　　公共牧场草原生态度假区

三、主要特点

本规划为梳理双朋西村旅游资源状况，明确双朋西村旅游发展定位、发展模式、战略路径，规划空间布局和重点建设项目，从旅游产品和游线、旅游交通、景观风貌、产业融合、旅游服务设施、可持续发展等方面全面规划和部署双朋西村旅游发展、建设。

（一）彰显文化特色

文化是乡村旅游的核心，是可持续发展的驱动力。双朋西村拥有大量优秀

根敦群培纪念馆效果图

青海
黄南州双朋西村旅游扶贫规划案例

的文化资源。围绕传统村落、根敦群培大师故居、热贡特色民俗、黄南藏戏等地域文化资源，依托有效的载体，深入挖掘文化特色，遵循"有文化、有情怀、有方向"的开发模式，布置了"根敦群培纪念馆""热贡艺术文化景墙""藏乡民宿"等文旅相融的旅游项目产品，丰富了乡村旅游的文化内涵与核心吸引力。

（二）集约利用土地

双朋西村村庄民居建筑密集，村庄公共活动空间和可供建设的土地极少，土地供需矛盾明显，节约集约用地是缓解土地供需矛盾的根本出路。在规划中采用房屋改造、利用废弃建筑、填充沟壑、整合项目、重新规划低效土地等办法提高土地利用率，保障规划项目能科学、合理、有效地推行。

（三）保障长期发展

结合村庄情况，规划项目从村庄内延伸至村庄外，项目开发时序长短期结合，使村庄行政范围内都能合理开发，村庄建设站在总体规划及村庄未来发展

草原民宿效果图

目标上综合考虑，设计上保证了前瞻性和经济性，为双朋西村整体开发描绘了蓝图。本次规划不仅满足于村庄短期脱贫，也服务于村庄的长期发展，避免村民返贫，保障双朋西村健康可持续发展。

四、编制过程

2018年7月5日，青海省"三区三州"深度贫困地区旅游规划扶贫公益行动暨乡村旅游扶贫"送客下乡"活动启动仪式在西宁举办。为了响应国家和省上关于在深度贫困地区开展旅游扶贫的号召，青海省景源规划有限公司于7月8日至12日派遣10名技术骨干深入同仁县双朋西村进行实地调研和资料收集。通过对接县、乡、村三级相关政府机关单位，与当地群众沟通以及现场走访调研，了解、收集了大量双朋西村自然环境、经济社会、贫困现状、致贫原因和

村内建筑

晒谷廊架

院内煨桑台

雅玛扎西其寺大经堂

群众意愿的情况和资料，对双朋西村进行了综合分析，对双朋西村旅游市场发展前景和带动扶贫潜力进行了综合评估，在此基础上编制了规划。8月20日完成初稿，并与同仁县、双朋西乡党委政府及当地村民代表沟通讨论、征询意见，不断完善规划；9月中旬通过了由黄南州旅游局组织的对该项目的初步审查，10月10日，本项目顺利通过了青海省旅游发展委员会评审。

五、实施情况

（一）双朋西村乡村旅游扶贫工作以政府主导为主

同仁县、双朋西乡、双朋西村三级部门成立了专门的旅游扶贫工作领导小组，充分运用部门职能和行业资源做好工作、担起责任，形成既各负其责又协同发力的工作格局。各项目牵头部门分别就本行业的工作重点和任务进行细化分解，确保资金快速到位，项目快速落地，扶贫效益快速显现。

（二）努力提升乡村旅游档次和水平

2018年双朋西村接待国内外参观游客达8万人次，具有一定规模的旅游客源市场，本次项目的实施提出了提档升级的要求。首先以基础设施建设和村落环境整治为起点，以提升乡村观光品质；其次建设游客服务中心及观光步道，启动乡村旅游整体开展；最后打造示范藏家乐及民宿，形成市场引领。

（三）明确2019年建设任务

即"八个一"项目：一座纪念馆、一个乡村景区大门、一个旅游停车场、一个旅游厕所、一个游客接待心、一个旅游景点、一个星级农家乐、一组旅游标识牌。

海东市牙曲滩村旅游扶贫规划案例

北京九鼎辉煌旅游规划设计有限公司

鸟瞰图

一、村情概况

牙曲滩村位于青海省海东市化隆县德恒隆乡，西近贵德、湟中县，南与循化、尖扎县隔河相望，属黄河谷地中下部，青藏高原与黄土高原的过渡地带，牙曲滩位于河湟文化区。牙曲滩所在的化隆县，2002年被国务院确定为国家扶贫开发工作重点县。目前拉面经济成为化隆当地农民群众的"脱贫经济"和"致富经济",据统计,化隆县累计脱贫的12万人中有7万人通过拉面经济实现脱贫。

牙曲滩村是典型回族村落,是国家级贫困村,共分为9个自然组(社区),村庄总人口1200户,其中贫困户36户,占比3%。贫困原因主要包括青壮年劳动力外流、收入来源狭窄、产业基础弱等。村内公共服务设施与配套基础设施环境较差。地处村庄北侧的黄河石苑文化旅游区,是国家2A级旅游景区,因水源保护、村民配合度等原因目前该景区处于停业状态。

省道203和牙同高速自西北向东南贯穿村庄,交通便利。村庄处于黄河上游河段(该河段经评定水质为Ⅱ类水质),黄河自西北向东南流经村庄西部,是规划区内的主要水系,村域内现有提灌站、李家峡北干渠(在建)为农业生产提供服务。村庄地势起伏较大,整体呈西北高、东南低的走势,村庄西部黄河沿岸为河谷滩地,中部较为平坦,房舍多集中于西部和中部,东部为山地。

二、规划思路

(一)指导思想

规划以习近平新时代中国特色社会主义思想为指导,全面贯彻落实乡村振兴战略,深入实施"五四"战略,坚持"一优两高"战略部署,扎实推进青海旅游发展新思路新理念,根据扶贫、旅游和文化等相关文件的指导精神,以"有效保护、合理开发、永续利用"为原则,立足贫困村旅游资源优势,树立"旅游+"发展理念,推动一二三产业面融合发展。以乡村旅游资源为依托,以市场为导向,以产品为中心,以效益为目标,创新旅游资源开发模式和旅游产业扶贫机制,坚持扶贫为先、增收为主、生态为本、文化为魂,同步推进回族文化建设、黄河有机农业引导、基础设施建设、人力资源开发等,以自然生态风光为基底,以当地回族文化为内涵,以高原农牧业为载体,以清真饮食为特色，以回族民俗体验为亮点，以"黄河第一湾"为龙头带动，以泛旅游产业为主导，带动贫困农户增收致富的旅游扶贫格局。建设"体验、康养、观光、休闲"等业态产品，坚持"城乡融合、旅游兴村"的发展理念，引导支持农民以多种方式参与乡村旅游开发建设，分享旅游综合收益，通过多渠道、多元化的精准扶贫，实现产村一体化，打造"回乡""回家""回味""回忆"即"四回"功能特色突出的黄河谷地回族特色旅游村寨。

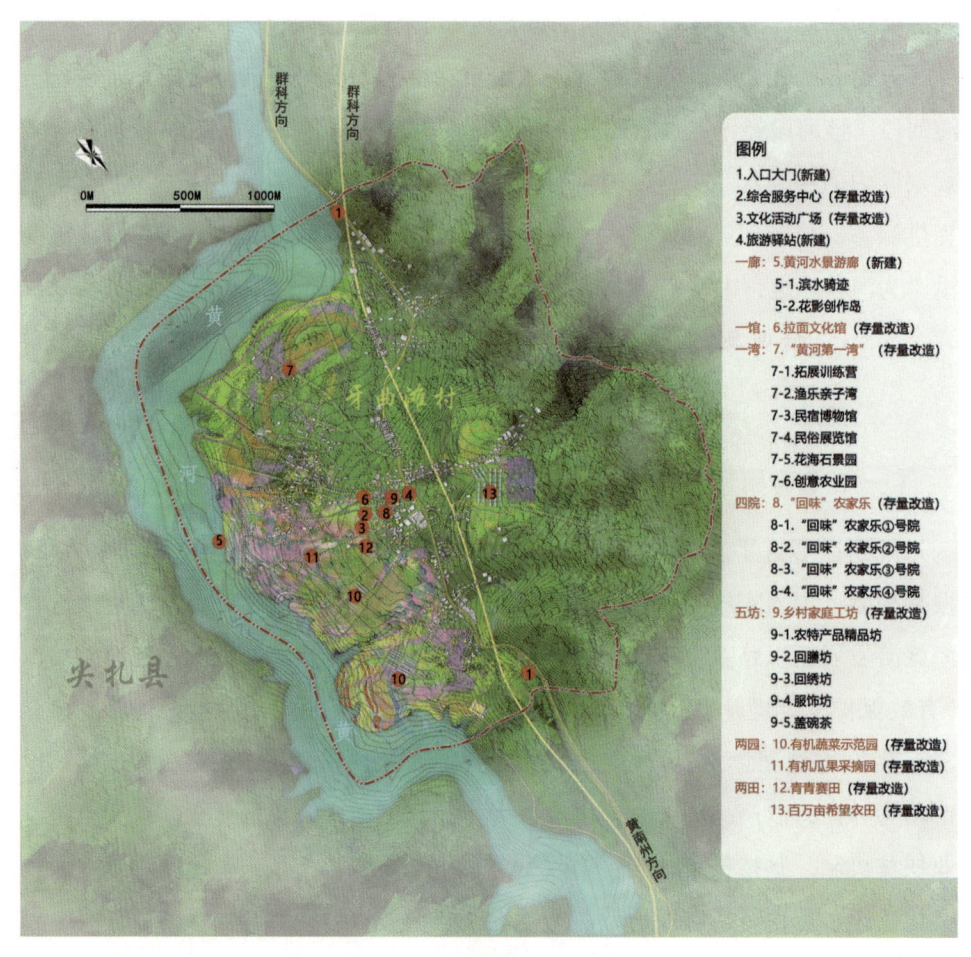

项目布局

（二）发展战略

重点实施"因地制宜、片区联动、品牌引领、农商并重、生态为本"五大战略。以代表性特色文化为主题，突出地域回族特色村寨形象；联合化隆现有成熟景区，形成旅游片区联动；树立品牌引领效应，构建高端化旅游支撑体系；发展新型农业经营主体及餐饮美食等产业，打造全产业链条标准体系；以生态保护优先为前提，优化旅游生产力布局。

（三）主要内容

1. 六大功能布局

根据牙曲滩村的区位交通条件、旅游资源分布特点、社会经济条件及旅游业发展时序，构建"一轴一廊四组团"的功能结构，其中，一轴为乡村旅游发

村庄景观

展轴，一廊为黄河生态风景廊，四组团为回族乡土文化体验组团、特色农业休闲组团、"黄河湾"观光组团、"百万亩"农业生产组团。通过多功能结构布局，谋划旅游产品体系，大力培育复合旅游形式和新兴业态，形成产村一体化发展，助力乡村脱贫，最终构建以旅游产业为龙头，关联带动其他产业共荣的泛旅游产业体系。

2. 四大乡村旅游产品体系

游览体验类旅游项目。依托自然和文化资源，以"黄河第一湾"作为旅游发展引擎吸引游客，以农户民居为基础开发休闲体验类项目留住游客，大力培育复合旅游形式和新兴业态，促进乡村旅游的发展，实现脱贫致富。

休闲农业类旅游项目。在保护生态环境的基础上，发展休闲农业、设施农业、有机农业，通过丰富的休闲观光农业产品体系打造，形成农业发展的新的经济增长点，加快脱贫进程。

乡建类乡村旅游项目。秉承"生态优先，绿色宜居"理念，达到村容美、生态美、庭院美、身心美、生活美的"五美"美丽乡村建设总体要求，将牙曲滩村建成黄河谷地"四回"特色美丽乡村试点示范村。

旅游商品类旅游项目。以回族特色手工艺品、清真食品、黄河特色产品、农副土特产品、水产品为依托开发主体产品，重点推出"牙曲滩八宝"旅游商品品牌，实现旅游后备厢经济。

3. 十大乡村旅游支撑项目

建设油桃试验田。引进寿光的农业光伏温室大棚设施、油桃苗种、栽培生产技术等，打造示范性油桃实验园，占领化隆大棚油桃市场。

有机瓜果采摘园。通过多元化瓜果植物种植搭配有效利用棚内空间，生产种类丰富的反季节水果，将其打造成多收益综合性采摘园，促进农业与旅游业、服务业的有效结合。

有机蔬菜示范园。利用河滩地发展有机农业，并进行有机蔬菜认证，打造牙曲滩有机蔬菜产品。定期对村民进行有机农业种植技术培训，提高农产品的

青海
海东市牙曲滩村旅游扶贫规划案例

村庄景观

产量、质量及经济价值，促进农民增收。

黄河水景游廊。丰富河岸空间的功能性，让游客在游行的过程中饱览黄河美景，感受景致天成的乐趣，与周边景点可以通过相关策划举办如沿黄河骑行大赛等，提升牙曲滩的知名度。

"黄河第一湾"。全面优化旅游配套设施及景区空间结构，结合地域资源要素和本土文化特点从多角度凝练吸引核，促使文化体验与旅游趣味相融合，在旅游投资商的带动下拉动乡村旅游，提供就业岗位。

"回味"农家乐。引导村民、贫困户利用闲置宅基地发展餐饮住宿接待，打造农家旅社型、农家餐馆型、休闲农户型三种类型农家乐，整体体现河湟地区的回族特色。

青青赛田。休闲农业类项目，打造农业生产与亲子畅玩功能兼备的青青赛田，通过"羊羊智力赛""抱瓜赛跑"等项目聚集人气，丰富游客体验。

拉面文化馆。依托规划区化隆拉面非物质文化遗产，对村民闲置宅基地进行改造，通过化隆拉面文化展示、回商文化展示、制作工艺表演、拉面互动体验等，让游客切身体验化隆拉面的艺术魅力。

乡村家庭工坊。引导贫困户重拾民间技艺，手工艺创作旅游商品，吸引村民，发展"旅游+艺术+扶贫"新兴业态，丰富体验型旅游项目，提高游客参与度。

文化活动广场。提升改造现有老年活动中心的空地建设文化活动广场，合理增设健身器材等设施方便村民活动，提高村民的生活质量。

三、主要特点

规划编制过程中全面贯彻乡村振兴战略，认真学习领会习近平总书记有关打赢脱贫攻坚战的重要讲话精神和重要指示，力求规划能够符合产业规律，具备民族特色，理论有所依据，项目有所支撑，实践中具备可操作性和目的性。规划主要特点如下：

第一，资源分析全面深入，产品地域特色突出，主题鲜明定位准确。牙曲滩村具备乡村旅游发展优势和扶贫潜力，距离化隆县群科新区12公里，有利于城乡融合发展；黄河、丹霞地貌、田园、民俗文化等优势资源，有利于开展生态观光和农事体验类项目；回族文化独具魅力，形成乡村旅游独特吸引力。引导支持农民以多种方式参与乡村旅游开发建设，分享旅游综合收益。通过多渠道、多元化的精准扶贫，实现产村一体化，推进城乡一体化建设，构建生态安全格局，传承民俗文化，凸显回族特色，以传统和现代的文化交融氛围打造特色人文新村。

第二，针对牙曲滩村实际情况落实精准扶贫对策。规划从扶贫模式、农户参与机制、旅游扶贫业态策划、贫困户精准指导和旅游扶贫项目设置等方面探索乡村旅游扶贫路径，从不同角度分别选取PPP模式和ST-EP模式推进旅游扶贫；对不同的村民组采取"农户+农户""公司+农户""村集体模式""政府+公司+农户"的三农经营参与模式；从农业土地补偿、土地房屋多样化使用和权益入股、合作分红、劳动薪酬、创业增收等方面丰富农户收益模式，结合贫困户的实际情况，从旅游服务培训、体制机制创新、产业业态帮扶、招商引资帮扶等方面对贫困户进行精准指导。

第三，结合乡村旅游发展趋势和市场前景设置近远期目标和产业布局。近期重点开发区域内投入期较短、吸引力较大的项目，以农户民居为基础开发休闲体验类项目留住游客，短期内重点完善旅游基础配套设施，进行牙曲滩大门、综合服务中心、导览标识建设及环境绿化美化，发展休闲农业、设施农业、有机农业。近期的工作目标是开发牙曲滩村旅游接待的能力，中远期主要考虑为休闲、康养、体验项目的后续完善工作，以及规划区内的基础设施维护工作。

规划范围

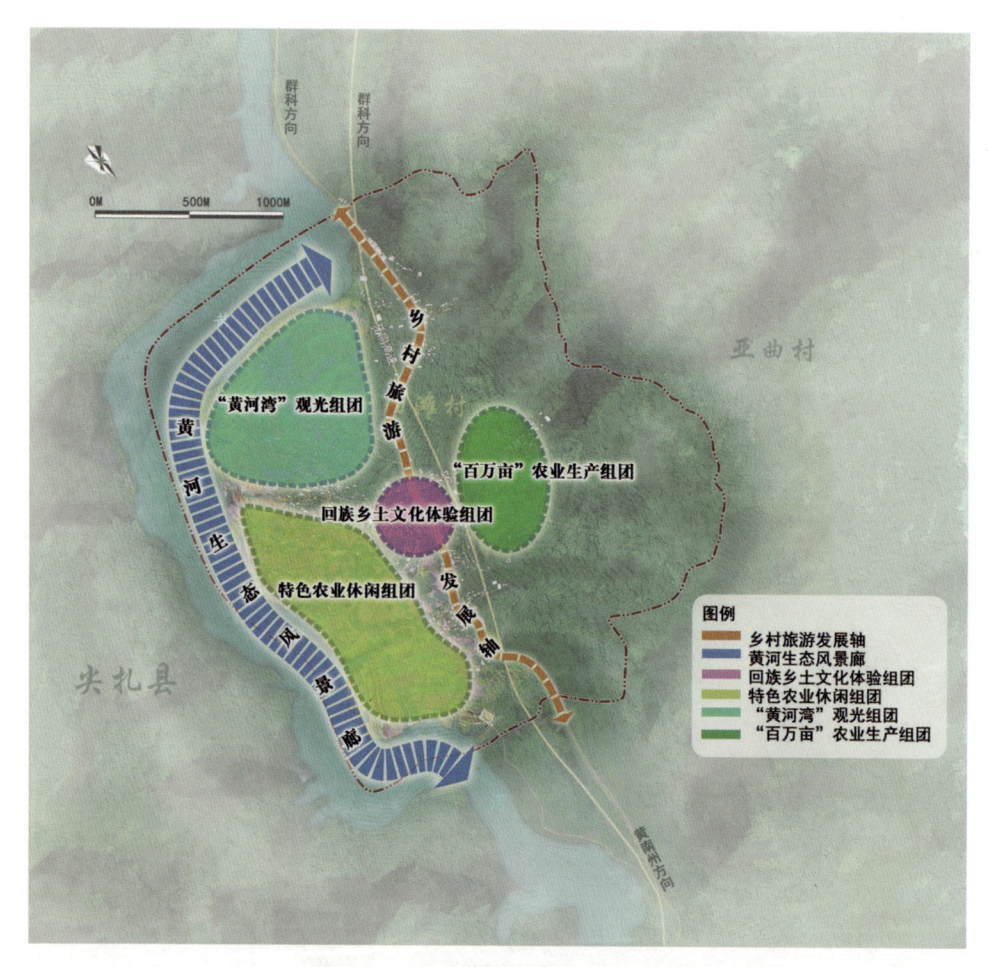

"三区三州"
旅游规划扶贫公益行动优秀规划案例选编

功能结构

第四，依据贫困户基本情况和乡村旅游发展基本要求构建系统化的组织保障体系。建立以乡村旅游发展公司为平台，旅游专业合作社为主体，乡村旅游带头人为示范的多方共同参与的联合运营机制，成立牙曲滩村旅游扶贫领导小组，负责对牙曲滩乡村旅游开发建设的组织领导和决策协调。设立牙曲滩村乡村旅游发展管理委员会，负责全村旅游资源的梳理与管理工作；成立牙曲滩村旅游专业合作社，以提升牙曲滩村泛旅游产业发展及竞争实力。

四、编制过程

为贯彻落实中共中央办公厅和国务院办公厅《关于支持深度贫困地区脱贫攻坚的实施意见》(厅字〔2017〕41号)精神和《关于开展"三区三州"深度贫困地区旅游规划扶贫公益行动的通知》(旅办发〔2017〕345号),北京九鼎辉煌旅游规划设计有限公司(以下简称"规划单位")为"三区三州"深度贫困地区旅游公益扶贫规划行动帮扶村名单中的牙曲滩村编制《青海省海东市化隆县牙曲滩村乡村旅游总体规划(2018—2025年)》。

2018年7月,规划单位成立由旅游专家、旅游规划师、产业分析师、市场营销策划师、景观设计师等组成的项目课题组前往牙曲滩村进行资料收集与现场踏勘工作,并与化隆县旅游局及其他相关部门召开了沟通协调交流会议。在规划编制过程中,围绕规划中涉及的基础设施建设、精准扶贫、特色产业发展和少数民族特色村镇保护与发展等重大问题,拟订补充完善资料清单,前后多次前往牙曲滩村进行更有针对性的现场踏勘,与当地相关部门领导、村领导干部及"黄河第一湾"投资商、贫困户代表、普通农户代表等进行了详细座谈,并在村领导的带领下走访农户和贫困户,考察村情村貌、"黄河第一湾"、村庄农业、接待处等场地,确保规划的真实性、可行性、落地性。

项目组成员对翔实的基础资料进行分析论证,对牙曲滩村贫困现状、存在问题、资源优势和发展限制进行梳理和汇总,提炼出重点影响问题,与专家组成员共开研讨会议,探讨可行的应对方案,在遵循国家及地方相关法律法规及上位规划等基础上开展初步方案编制工作。规划先后于2018年9月在化隆县旅游局向当地政府及相关主管部门汇报初步方案,征求意见和建议确保方案的可实施性、科学性和合理性,在初步方案的基础上进一步修改完善,并前往项目地进行了详细的补充考察。于2018年10月在青海省文化和旅游厅召开专家评审会,顺利通过评审。针对专家评审意见进行修改,并于2018年10月完成终稿。

五、实施情况

规划评审通过后，青海省文化和旅游厅高度重视，主要领导亲自部署、亲自协调，认真研究评估项目批复，制订实施工作方案，充分把握乡村旅游产业发展新机遇，紧抓乡村旅游产业创新提升重点，推动旅游产品想观光、休闲、体验、度假等并重转变，由基础旅游接待服务向品质服务转变，乡村旅游产业保持健康良好的发展态势。

（一）提升改造"黄河第一湾"景区

牙曲滩村乡村旅游发展引擎"黄河第一湾"景区围绕近期开发重点进行项目提升改造，景区旅游配套设施及景区空间结构不断优化，运用生态和文化理念转型升级，激活闲置的黄河渔庄建筑，设置民俗博物馆和民俗展览馆，邀请贫困户和村民作为服务人员和后勤人员，通过旅游接待服务和特色服务、手工艺品、纪念品售卖等方式获得旅游收益，加快脱贫致富。升级改造"黄河第一湾"景区原有黄河石景园，利用花海种植和黄河石置石造景打造花海石林景观，迅速吸引游客、集聚人气，贫困户和村民作为园艺绿化、花卉养护人员参与旅游活动，实现就业，增加收入。

（二）有序开展百万亩希望农田项目

牙曲滩村东侧黄河谷地百万亩土地重大项目得到提升改造，通过实施灌溉排水、田间道路平整和农田防护等工程，对原有低水平农田和荒滩、荒坡整理开发。油桃实验园和黑枸杞种植园项目顺利开展，引进寿光的农业光伏温室大棚设施、油田苗种和栽培生产技术，有效缩短农业生产周期，提高农产品产量和品质，占领化隆大棚油桃市场，通过为花季观赏游客和果季采摘游客提供旅游接待服务，获得旅游收益。村民通过农业知识、农业技术和其他相关技能的系统学习与培训，参与到休闲农业、设施农业、有机农业的管理建设中，从而获得收益，增加经济收入。

（三）乡村基础设施建设初见成效

坚持基础设施高标准配套和深度覆盖，目前牙曲滩村智慧旅游、"厕所革命"、交通道路提升、旅游集散服务中心建设和旅游标识标牌等各项基础设施工程都在稳步推进中，旅游卫生设施及村民生活卫生设施统一建设，水泥路、排洪渠、幼儿园、卫生室、便民超市、绿化带、路灯、文化活动器材等设施合理布设，农村基础设施利用率进一步提高，农村生活垃圾处理、实施垃圾定点集中清运、污水处理、卫生厕所改造等项目建设全面开展，农村生产和生活环境有效改善。

村庄景观

为确保规划目标任务和工作重点得到有效落实，对已完成和未完成的建设项目做好项目跟踪和后续管理工作，不断调整工作安排，合理利用资源，完善实施方案，总结社区建设的成效、经验和规律，为扶贫项目提供技术支持，保持旅游开发的持续性。

民居改造

阿克苏地区色日克阿热勒村旅游扶贫规划案例

浙江国际旅游集团规划设计研究有限公司

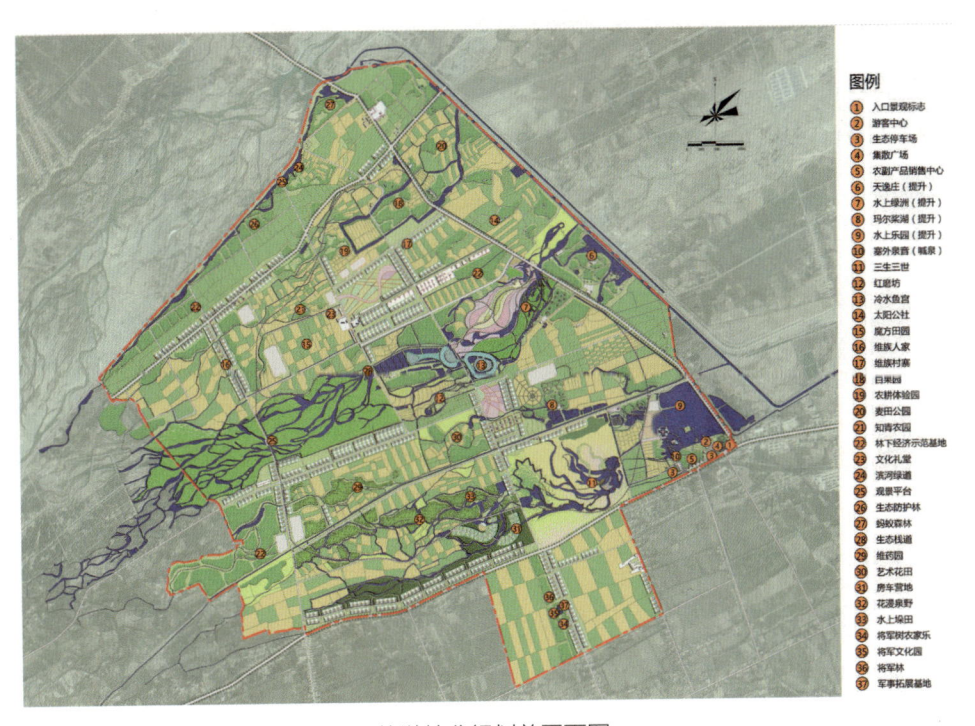

旅游扶贫规划总平面图

一、村情概况

色日克阿热勒村位于新疆乌什县奥特贝希乡政府西北 3.5 公里处，距离县城8公里，距离阿克苏市120公里，距离喀什市550公里，距离和田市660公里。规划面积约11.66平方公里。

村庄属暖温带大陆性干旱气候，气候温和，热量丰富，降水较少，夏季干热，冬季干冷，年均气温10.8℃。整个村地势西北高、东南低，海拔在1400~1500米。村庄森林覆盖率高，负氧离子含量极高。村内地下泉水资源丰富，河流纵横、湖泊众多、鱼塘密布，是典型的塞外江南田园水乡，胡杨林倒影成趣，风景如画，沙棘林中鸟类成群，野鸡、野鸭、野兔随处可见。村内生态环境质量优越，冬暖夏凉，自然资源禀赋好，是名不虚传的"天然氧吧""绿色海洋"，生态养生价值高。村内以传统农业为产业支柱，至今保留着较为传统的生活方式，放眼四周，碧色连天、阡陌纵横、田园风光极佳。近年来，村庄利用地下泉水资源、湿地森林、水域面积广的特点，大力发展乡村旅游，以特色种植业、生态养殖业以及文化旅游、农家乐等服务业为主，物产丰富，具有很大的市场开发潜力。同时又是一个维吾尔族的少数民族村寨，民族特色明显，乡村氛围浓厚，村民能歌善舞，还有特色美食，更有将军树的感人故事，深厚的少数民族文化底蕴和淳朴的村庄氛围融合一体形成引力，具有较高的旅游开发价值。

二、规划思路

规划充分利用村庄独特的自然和人文资源，以乡村旅游发展进入"微时代"乡村旅游理念、"大脚革命"塑造色日克阿热勒村美丽乡村理念、乡村康养助力色日克阿热勒村新旅居三大理念打造色日克阿热勒村，抓住新疆维吾尔自治区及阿克苏地区的美丽乡村、精准扶贫、乡村振兴等建设契机，依托色日克阿热勒村丰富的人文与自然景观资源，以"塞外江南、泉映维家"为目标，通过"村落整治提升、基础设施优化完善、现代农业创新发展"等措施，完成产业结构调整，优化生态环境，营造环境优美、和谐富裕、特色鲜明的"塞外田园水乡",打造宜居、宜游、宜文、宜业的美丽乡村建设示范村。以维吾尔族风情、乡村旅游、休闲农业、有机蔬果等产业为基底,以"塞外泉田"为特色,以"泉上田园"为切入点,融入乡村旅游新理念,打造一个以寻找"塞外田园水乡"为脉络,康养度假为核心,乡居生活为特色的塞外现代版的富春山居图,通过"七境合一"[入境(幸福疆)、泉境(泉音谷)、田境(梦田园)、江境(疆景美)、秘境(林溪里)、花境(药花香)、心境(红色颂)]打造村庄的自然之美、民族之美、生活之美、乡愁之美、文化之美、艺术之美、康养之美,并在此基础上打造集农业观光、乡村休闲、生态采摘、乡愁民宿、文化寻根、康养度假为主的乡村康养为主题的复合型乡村旅游示范基地。

以塞外江南,泉映黄岛作为色日克阿热勒村的形象定位,乌什县被誉为"中国西部生态明珠",享有"半城山色半城泉""塞外江南"之美称,而色日克阿热勒村确是塞外江南中的江南,森林覆盖率高,泉水资源丰富,有着传统的田园农耕文化,物产丰富,可被誉为塞外的田园水乡,名不虚传,打造塞外水乡第一村;色日克阿热勒村的维语为"黄色的岛",简称为"黄岛",一股清泉正是色日克阿热勒村的最大资源特色,从天山南麓经托什干河倾涌而出,养育着几千年奥特贝希乡的子子孙孙,水生万物,声传千里,泉映人,人映泉,相互依存,相互寄托,乃一福地,风水宝地。

三、主要特点

(一)精准把脉,指明色日克阿热勒村旅游扶贫方向

色日克阿热勒村强力推进乡村休闲旅游项目的建设,将乡村休闲旅游产业作为联结点,以"三产"带"一产"、促"二产",推动全环节升级、全链条升值,以"旅游+"带动农村整体发展、农民增收致富。乡村休闲产业的发展一头连着社会民生福祉,一头连着经济社会发展,是现代服务业的重要组成部分,是未来经济发展的重要增长点,关系村民的生存质量。发展乡村休闲产业是贯

彻落实党的十九大精神，推进乡村振兴建设，满足人民日益增长的美好生活需要的内在要求，也是色日克阿热勒村发挥资源独特优势，培育产业发展新平台，提高村庄综合竞争能力的战略需要。

根据色日克阿热勒村独特的泉水和农业资源，适合走"产业依托型+创意主导型"的发展模式；泉渔农作、水乡画村、艺术花海、田园牧歌、康养基地构成一幅塞外水乡的画卷。

（二）科学规划，创新旅游精准扶贫路径

基于对色日克阿热勒村在扶贫政策、乡村旅游发展及美丽乡村建设三大层面的前期认识，在三大层面耦合关系分析的基础上，以乡村旅游产业发展为核心，创建新时期色日克阿热勒村发展模式，以此打造"新疆维吾尔自治区精准旅游扶贫示范村"的高度和地位，构建辐射近—中—远三级客源市场的乡村旅游目的地，并作为新疆维吾尔自治区美丽乡村建设的示范区，发挥引领性的带动作用。

1. 旅游产业

确立旅游产业核心引领地位，构建全域化的村落型旅游景区全面发展乡村旅游，培育旅游产业为主导产业和支柱产业，以旅游带动关联产业发展，农业休闲化、农业旅游化，构建全域化的村落型旅游景区。

2. 新"扶贫"

赋予"扶贫"新内涵——扶贫资源化、扶贫窗口化、扶贫活态化。

扶贫资源化——"扶贫"不再是色日克阿热勒村的生存手段，扶贫历史和文化将是乡村旅游开发的核心吸引物；

扶贫窗口化——以国际视野为高度，将色日克阿热勒村作为新疆旅游扶贫的新名片，展示色日克阿热勒村的扶贫历程和成功经验；

扶贫活态化——静态动态相结合、室内室外相结合、新旧时期相结合，力求真实、全面、深刻诠释色日克阿热勒村扶贫模式。

3. 美丽乡村

整村风貌控制——乡景生活化、田园质朴化、山水乡愁化。

乡景生活化——尽管整村旅游开发，但村庄居民生活圈，将呈现生活化的乡村场景，是亲近、温暖的美好乡村；

田园质朴化——花田、水网、小径、水塘，力求还原质朴化的田园画卷，遵循乡村本真的肌理，精致化的质朴；

体验乡愁化——生态立本，涵养水土，让人们在此体验乡村鲜生活，记住美丽乡愁。

（三）空间优化，以乡村生活体验设计色日克阿热勒村的产品体系

根据色日克阿热勒村旅游资源分布状况，通过挖掘节点、轴线、片区之间的本质联系，同时融入当下市场发展需求和未来乡村发展趋势，最终确定了"一心一环七境"的空间布局，将入境（幸福疆）、泉境（泉音谷）、田境（梦田园）、江境（疆景美）、秘境（林溪里）、花境（药花香）、心境（红色颂）完全融入乡村生活体验的各种业态和活动当中，打造色日克阿热勒村塞外版的富春山居图，将绿水青山打造成金色银山。

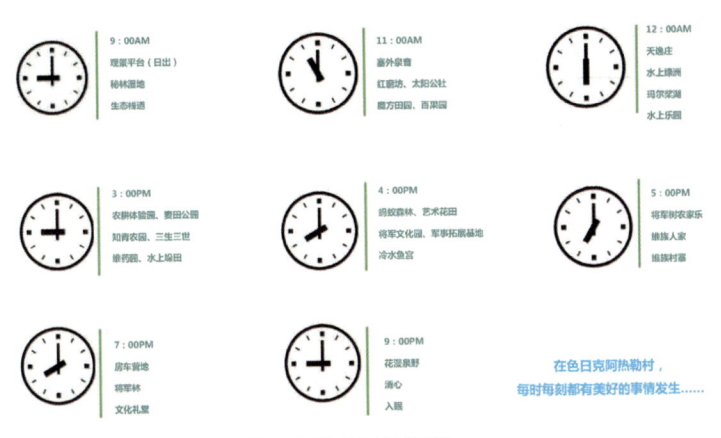

9:00AM 观景平台（日出） 秘林园地 生态栈道	11:00AM 塞外泉音 红蘑坊、太阳公社 魔方田园、百果园	12:00AM 天逸庄 水上绿洲 玛尔梁湖 水上乐园
3:00PM 农耕体验园、麦田公园 知青农园、三生三世 单药园、水上梯田	4:00PM 胡杨森林、艺术花田 将军文化园、军事拓展基地 冷水鱼宫	5:00PM 将军树农家乐 维族人家 维族村寨
7:00PM 房车营地 将军林 文化礼堂	9:00PM 花漫原野 滴心 入眠	在色日克阿热勒村， 每时每刻都有美好的事情发生……

景区产品全时性消费

根据色日克阿热勒村的总体定位，遵循"主题—形象—内容—区位"相组合的原则，通过"重点驱动、热点带动、新品促动、整体联动"的方式，结合旅游资源赋存状况及未来旅游产品的发展趋势，以市场需求为导向，设计出色日克阿热勒村"资源属性—旅游功能"的组合产品谱系，其中资源属性确定产品系列、旅游功能决定产品类型，全面提升色日克阿热勒村产品竞争力，促进村庄旅游全面发展。

并以增加游客体验、放松游客心情为主要目的，体现休闲愉悦和舒适安全的原则，重点规划设计了精品乡村联动游线、小火车旅游环线等专题线路；还根据多样化的项目将带来丰富体验、长时间的停留和多种可能性的消费，游客可以定制适合自己的产品规划，也可选择我们策划的产品。

（四）创新服务模式，完善色日克阿热勒村乡村旅游服务设施

吃一顿康宴：深度解读以少数民族为主的西域美食文化，并结合美食创新，为色日克阿热勒村创新地方特色菜、有机蔬果、民间美食，打造美食创新集聚地；将特色农产品生产开发与餐饮产品开发相结合，推广安全绿色饮食工程和美食文化工程。

住一夜康宿：以"西域风情"为主题，以田园、泉水、森林等为资源依托，打造多元化主题住宿体验和精品农家乐体验。

行一段康路：呼吸乡村新鲜空气，感悟质朴乡村情怀，结合行旅场景打造"骑行、车行、步行"三大特色交通方式。

游一遍康村：以系列文化景观、文化体验活动为核心，为游客提供文化展

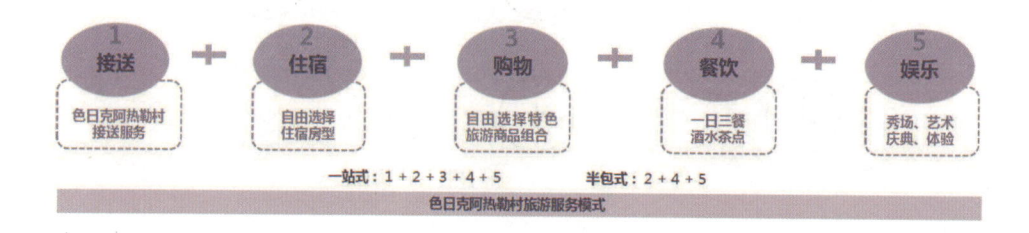

示与康养休闲体验相结合的西域乡村之旅。

购一批康物：以文化包装物产和创意商品为主，开发有机果蔬、花卉精油、土特产品、民间工艺品、文创商品等旅游商品，打造系列品牌，形成区域代表品牌，地方标志特产，促进旅游商品滚动系列开发。

娱一回康趣：在色日克阿热勒村举办多种休闲娱乐活动，为游客添加一分乡村情趣，使游客在醇厚的乡村文化氛围中，以"康"会友，高谈阔论，把酒言欢。

（五）创新精准扶贫模式，促进乡村旅游快速高质量发展

坚持维权扶持、补偿性扶持、开发性扶持、转移性扶持四大原则，做到旅游扶贫开发不侵害农户权益、不侵害农户利益，有效贯彻精准旅游扶贫方略，实施"造血式"扶贫。坚持"企业＋景区＋合作社＋农户"的旅游扶贫合作理念，贯彻实施"1234"工程：1个旅游扶贫与社区参与机制框架，2个资金主要来源、重点解决好，3个制度设计（农户参与机制设计、利益分配机制设计、利益补偿机制设计），着力推进4个旅游扶贫与社区参与措施（统一农户参与标准、旅游扶贫业态策划、开展旅游人才培训、贫困户精准指导）。

四、编制过程

为积极响应《关于支持深度贫困地区脱贫攻坚的实施意见》《关于开展"三区三州"深度贫困地区旅游规划扶贫公益行动的通知》的文件精神，浙江国际旅游集团规划设计研究有限公司主动选择了新疆阿克苏地区乌什县奥特贝希乡色日克阿热勒村旅游规划作为本次旅游规划的帮扶对象，组建旅游规划扶贫项目组，于2018年8月1日奔赴乌什县色日克阿热勒村进行实地考察调研，项目组以精准扶贫为出发点，以乡村旅游发展带动当地经济发展，农民脱贫致富为目标，积极响应乡村振兴战略，做到真扶贫、扶真贫。

在乌什县旅游局的精心组织安排下，项目组在实地考察了一周时间，白天现场考察，晚上头脑风暴会议，形成初步思路后，与旅游局、乡镇及村相关领导、村民、农家乐经营业主等进行对接沟通，吸取他们的宝贵意见与建议，为项目组编制初稿奠定了良好的基础；项目组于2018年10月上旬提交规划初稿后，向乌什县旅游局等部门进行汇报，得到了各个部门的一致认可，为了让规划更完善，更接地气，乌什县旅游局等部门提出了具有建设性的意见与建议，项目组修改完善后提交评审稿，于2019年4月通过乌什县级专家评审，评审后项目组根据评审意见进行了修改，并于2019年5月下旬提交了终稿。

五、实施情况

浙江国际旅游集团规划设计有限公司依托浙江省旅游集团多位一体一站式全程服务模式，着眼长远，科学编制色日克阿热勒村的旅游扶贫规划，全面推进色日克阿热勒村乡村旅游发展，并按照"一年起步、两年推进、三年有新变化"工作步骤，为色日克阿热勒村拟定行动计划，明确项目开发时序，切实指导色日克阿热勒村扶贫工作。目前村庄根据规划已开展以下方面的工作：

（1）旅游扶贫规划与村庄规划融合，既保证按期脱贫，又谋求长效增收。色日克阿热勒村共有4个村民小组，293户1272人；其中贫困户共有107户444人（其中：2014—2017年已脱贫104户426人，未脱贫3户18人）。色日克阿热勒村结合旅游发展需要和脱贫攻坚任务要求，把2018年整村脱贫摘帽与2019年创建国家3A级旅游景区深度融合，把全村划分为入口综合服务区、黄岛泉野康养区等功能区，做到一张图纸一体规划，同向部署同步落实，推动脱贫攻坚与旅游产业互动发展。

（2）通村通畅与游步道融合，既保证生产便利，又提升进入条件。坚持把产业路建设与景区旅游道路建设融为一体，建产业路即建旅游路，提升游客可进入条件。目前村庄根据规划要求已将道路进行提升改造中。

（3）村庄建设与特色民宿融合，既保证住有所居，又提供度假养生。突出民宿旅游特色，在已有农家乐提升完善中参考《旅游民宿基本要求与评价》进行设计，在聚居点建设中植入维吾尔族文化元素，点缀维吾尔族图腾，把贫困群众的聚居点打造成为别致的少数民族村落，让游客充分感受色日克阿热勒村独特的乡土和人文风情。

（4）农业基地与田园观光融合，既保证产业增收，又增强农家体验。把农业产业基地作为田园综合体的重要组成部分，以专业合作社为龙头，发动广大群众，建成当地特色的农业产业基地，配套发展林下经济、原生态养殖业；以田园风光、绿色康养、农事体验等为主题，组织有条件的群众开办农家乐，增加经济收入，提升村庄旅游综合服务能力。

入口处鸟瞰图

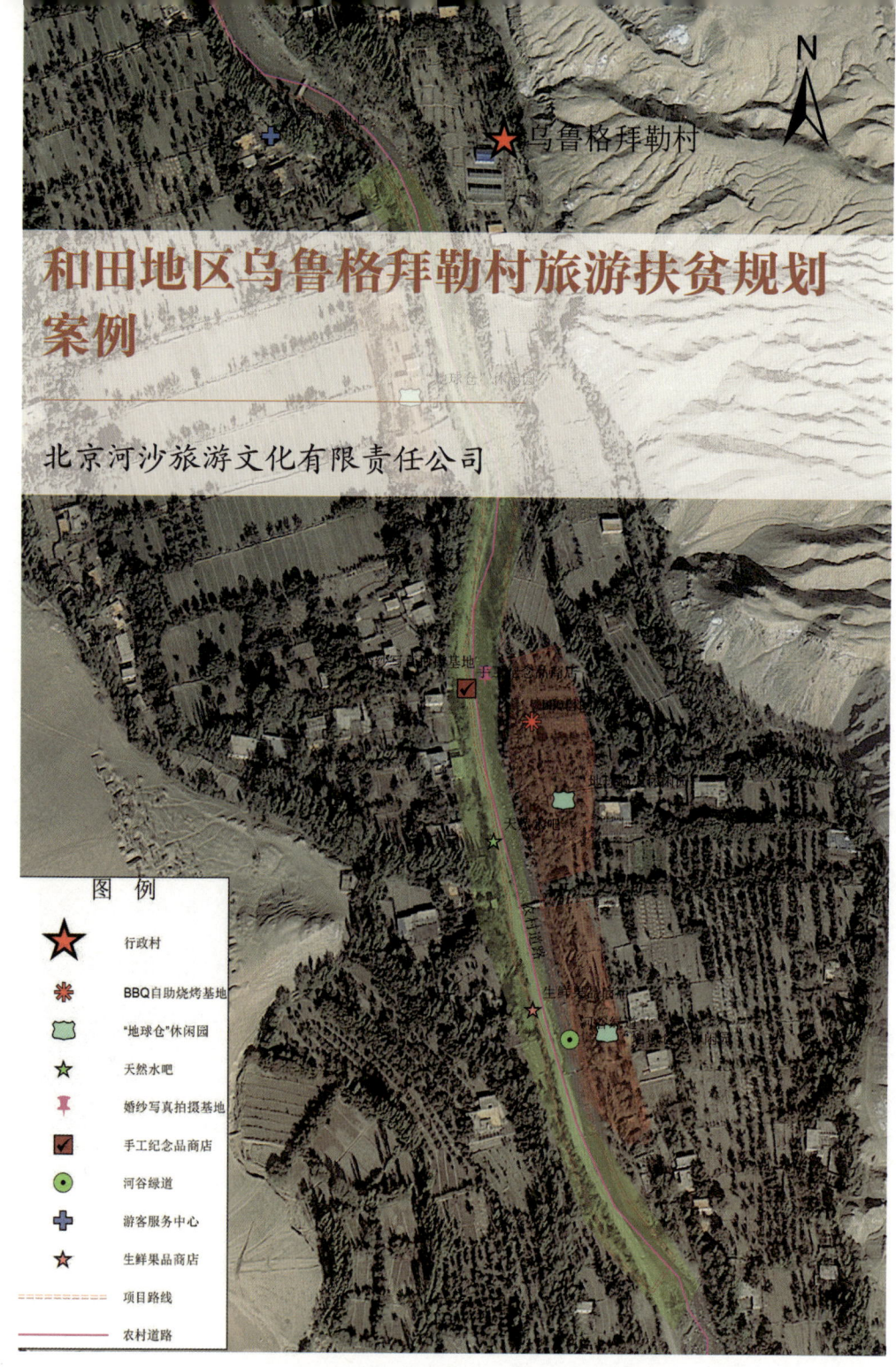

和田地区乌鲁格拜勒村旅游扶贫规划案例

北京河沙旅游文化有限责任公司

图例

★	行政村
✳	BBQ自助烧烤基地
▰	"地球仓"休闲园
☆	天然水吧
📍	婚纱写真拍摄基地
▣	手工纪念品商店
⊙	河谷绿道
✚	游客服务中心
☆	生鲜果品商店
-----	项目路线
———	农村道路

乌鲁格拜勒村峡谷廊道及"地球仓"休闲民宿

新疆
和田地区乌鲁格拜勒村旅游扶贫规划案例

一、村情概况

（一）基础分析

位于新疆和田地区洛浦县阿其克乡的乌鲁格拜勒村峰峦重叠，山势险峻，北坡为浅丘低山区，峡谷遍布，南坡则山势转缓。山体有大量贝壳化石，山脚有初具雏形的农家乐，基本满足宾馆式住宿条件，在建游泳池一座，主要客源集中在和墨洛地区，村落辖区范围内有一线天峡谷，可以攀岩。

1. 地形

在昆仑山与喀喇昆仑的地理分界处断列形成林齐塘洼地，发育着现代盐湖与盐碱沼泽，形成高山湖泊，南倚昆仑，北临瀚海，地处昆仑山与塔克拉玛干沙漠之间的绿洲平原，洛浦县阿其克乡乌鲁格拜勒村即坐落在此平原之上。

2. 气候

村落位于欧亚大陆腹地，帕米尔高原和天山屏障于西、北，西伯利亚的冷空气不易进入；南部绵亘着昆仑山、喀喇昆仑山，阻隔了来自印度洋的暖湿气流，形成了暖温带极端干旱的荒漠气候。地处绿洲平原区，形成了春多风沙，夏热且干旱，秋凉降温快，雪少冬不寒的暖温带气候。年平均气温 11.0~12.1℃，年降水量 28.9~47.1 毫米，年蒸发量 2198~2790 毫米。无霜期为 182~226 天，多数在 200 天以上，冬季降雪量少，平均降雪日数为 6.3 天，平均降雪量 3.6 毫米，最多 21 天，雪量 23.2 毫米，冬不严寒。气温年较差为 23~35℃，日较差为 12.8~16.3℃。

（二）社会发展现状

1. 产业现状

新疆和田地区阿克齐乡乌鲁格拜勒村以农业为主，村落有卫星工厂，使贫困群众就近就地就业，服务业发展程度低，基础设施不完善，只能提供基础的旅游观光服务，为粗放型发展模式。

2. 区位交通

乌鲁格拜勒村积极开展农村公路"富民畅通"工程，使农村公路建设进入了高速发展的快车道。目前已经修通和田市到村落的省道，极大方便了村落村民的出行和生活，村落与外界的连接主要靠公路出行。

3. 旅游资源

乌鲁格拜勒村旅游资源以民族歌舞和独特的民俗风情为主。和田是有名的歌舞之乡，洛浦县最突出的民间舞蹈是洛浦赛乃姆，有着1500~2000年的历史渊源，历史悠久，源远流长。洛浦赛乃姆在维吾尔族文化中占有重要的地位，其形式多样，有民间故事、民间叙事诗、谚语、笑话、寓言、神话、传说、谜语等。用民间史诗特有的写法叙述了许多历史故事，对于研究古代维吾尔族的历史、文学和语言具有重要的价值。民俗风情包括在和田广大的农村牧区极为普及的刁羊（在马背上展现人们勇敢无畏精神的一种体育项目）和在和田维吾尔族人中广为流传的摔跤等。除此以外，洛浦县的手工艺葫芦雕刻和织毯技艺也独具特色。

4. 人口情况

乌鲁格拜勒村全村总人口423人，建档立卡贫困户数52户，贫困人口191人。

（三）贫困原因

1. 劳动力严重不足，村落人口以妇女、老幼为主

村落人口构成以妇女、老人和幼童为主，青壮劳动力严重缺乏，人口不足使得精加工和附加值为主的集约型经济发展模式难以生存，这严重限制了村落经济的发展。

2. 以粗放型经济发展模式为主，没有强有力的支柱产业

村落相对闭塞，交通虽得到了一定的发展，但是并不能支持大量的商贸往来，不利于发展以服务业为主的第三产业。且村落缺乏丰富的可规模开发的矿

产资源，缺乏工业发展的基石。现有的经济以传统农户经营为主的农业种植为主，经营模式粗放，经济效应差，缺乏强有力的支柱产业。

3. 自然条件相对恶劣，不利于经济的发展

村落相对闭塞，交通虽得到了一定的发展，但是并不能支持大量的商贸往来，不利于发展以服务业为主的第三产业。且村落缺乏丰富的可规模开发的矿产资源，缺乏工业发展的基石。现有的经济以传统农户经营为主的农业种植为主，经营模式粗放，经济效应差，缺乏强有力的支柱产业。

二、规划思路

（一）规划定位

综合考量乌鲁格拜勒村现有的旅游资源以及可打造的旅游要素，将其赋予"六玉昆仑"文化内涵，将乌鲁格拜勒村打造成"六玉昆仑"中"绿茵之玉"。主要以乌鲁格拜勒村现有的自然风光以及旅游资源为基准，营造生态型休闲村庄，突出绿色旅游、生态旅游、休闲旅游概念，成就绿色昆仑。

（二）发展方向

（1）以生态为基础，科技为支撑，提高区域生态文明程度，建设旅游精品，实现"旅游兴疆"；

（2）策划重点项目，配套基础设施和保障措施，指导贫困村旅游发展和精准扶贫；

（3）提升村庄面貌，提高村民生活质量，让当地居民共享旅游发展成果；

（4）坚持产业融合，提升产业竞争力，提升消费，推动区域经济一体化发展。

（三）扶贫规划

围绕自然风光和地域文化，乌鲁格拜勒村旅游扶贫规划主要围绕以下几方

面开展：

1. 峡谷廊道

规划 5 公里峡谷廊道，廊道起点为村落附近最大的农家乐，从农家乐向村口方向延伸，打造 5 公里长的绿色廊道。

以自然生态绿色廊道为主项目，通过种植葫芦和其他攀藤植物，打造 5 公里的天然绿色拱桥，形成沙漠最长绿色廊道景观，为了提高绿色廊道的经济价值，在绿色廊道内置手工纪念品商店（以手工葫芦雕刻工艺品和织毯为主）、无污染瓜果茶点商店、木头桩休憩桌椅、木雕景观等，为形成村落全域旅游，打造链接绿色廊道和村落其他景观区的绿道，形成整体生态康养休闲旅游村。

2. 特色民宿"地球仓"休闲园

在河谷绿道另一侧修整道路，打造"地球仓"休闲园。"地球仓"，一款国际一流的高科技民宿产品，中国首款自助式"移动智能生态酒店"，可以快速有效地解决旅行途中的住宿问题。"地球仓"集生态、文化、旅游、科技、金融五位一体，将是推动旅游扶贫最快最环保最直接的新业态产品。"地球仓"每个小屋的面积约 16 平方米，来去自如，房子只有四根桩基，不破坏土地与花木，整个房间采用全模块化设计与生产，通过车辆运抵指定地点，根据不同地势与景观环境进行摆放，调整至最佳景观面，半天时间即可完成一间小屋的组装。其设计理念是希望旅客和大自然融为一体，实现人与自然亲近共融的全新旅居生活方式。为了满足更多类型顾客的需求，建议按照可实操原则，可设置标间和家庭套间两种房间型号，其中标间里配置两张单人床可以拆卸安装为一张单人大床，家庭套间设置为 4~6 人型套间。考虑到经济合理性，"地球仓"第一期工程可打造 8 间地球仓，采取标间 5 间，家庭套间 3 间的配比。

此外，由于"地球仓"休闲园周边没有相应的餐饮服务，因此，为了满足居住在"地球仓"休闲园游客的饮食需求，特配置餐饮服务工程。该工程提供三种餐饮服务，供顾客自由选择。第一，BBQ 自助烧烤。顾客可根据"地球仓"APP 客户端，预约 BBQ 自助烧烤服务。由"地球仓"免费提供 BBQ 相关器材，顾客自备或者电话联系村户获取自助烧烤食材，在"地球仓"休闲园公共休憩区域展开BBQ自助烧烤。第二，农家乐特色食物。游客也可以沿河谷绿道，穿绿色廊道到达农家乐，品尝当地特色食物。在"地球仓"休息区设置单车租赁点，游客可选择自行车骑行方式或者步行，自行前往农家乐。第三，村落外卖。"地球仓"考察吸纳当地村民的拿手好菜，集资组建当地村落外卖，游客也可以通过电话点单形式，获得餐饮服务。

3. 一线天攀岩运动休闲园

结合一线天附近山壁的实际情况，实地考察选址三处可以进行户外实景攀岩的攀岩壁，通过进行安全改造，建设一线天岩石攀岩基地。

为了增强可玩性和挑战趣味性，岩石攀岩设置低、中、高三段难度攀岩路线，日常成功攀登到最高难度顶点的，可以获得纪念品一份。为了分散客流，三块天然岩石攀岩壁按照实际情况打造低、中、高三段难度攀岩路线，根据实际情况，不同攀岩壁的最高难度顶点可以共有，也可以分散到不同地点。

户外攀岩基地可承办各种规模的攀岩赛事，日常运营可以针对不同类型的游客，打造不同的竞赛性质活动，如亲子攀岩比赛、拓展攀岩比赛、专业攀岩比赛等。

由于一线天攀岩运动休闲园远离村落，因此需在附近选址建立停车场和旅游厕所。除此之外，为了给游客提供更加丰富的旅游服务，特设置一线天攀岩运动休闲园服务中心。

4. 旧屋改造工程

为了让游客在充分体会古村落古朴、纯真、宁静的生活气息外，通过对居住区域的房屋进行整齐划一的外形规划，策划"一村一品、一村一景、一村一韵"主题鲜明的村庄形象，使居住屋成为村落乡村旅行的内置要素，与其他景点区自然融合，更好地凸显旅游度假和休闲生态的旅游概念。

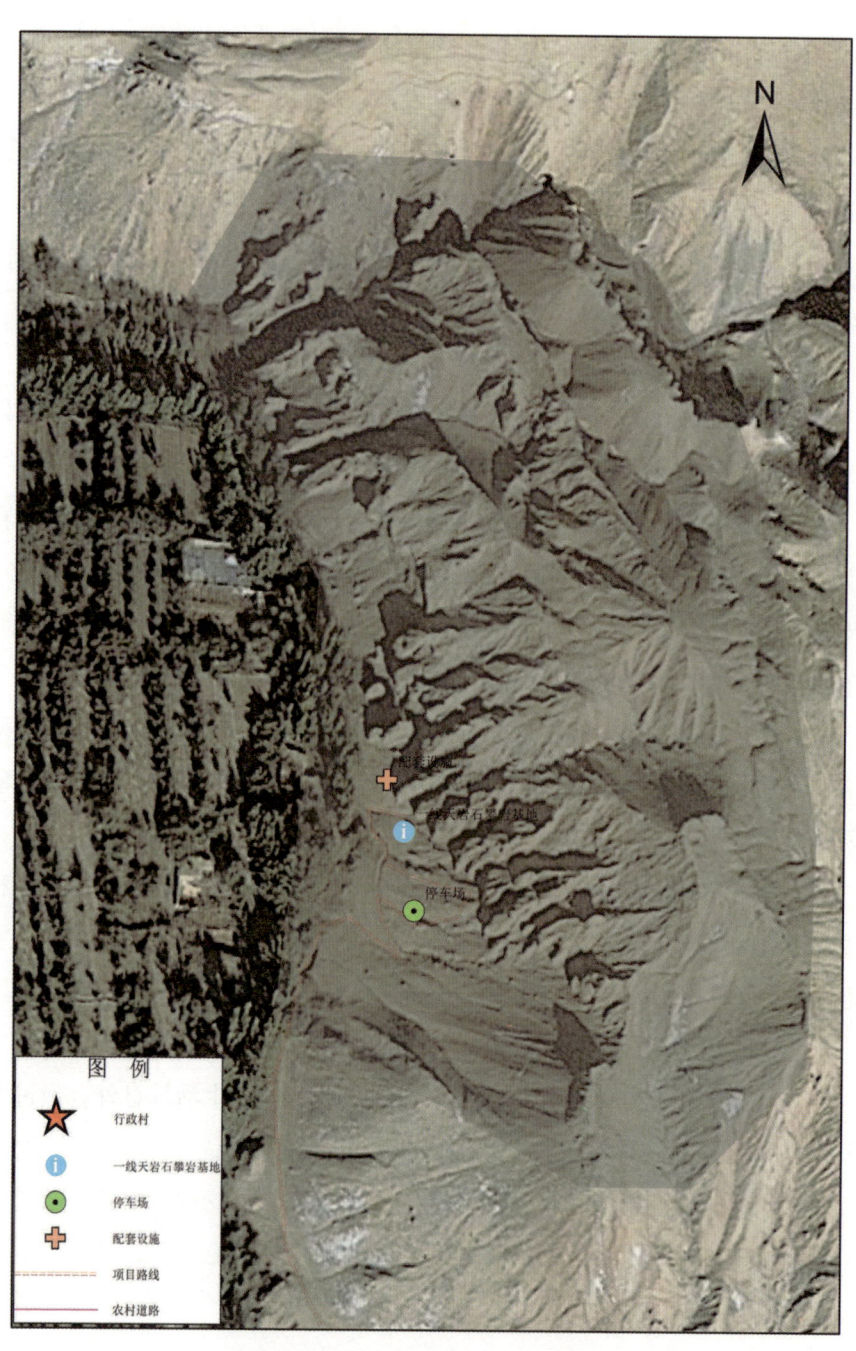

乌鲁格拜勒村一线天攀岩运动休闲园

（四）方案生成

1. 空间布局

（1）旅游功能分区

经过综合考虑开发区域内部的区位交通、资源分布等情况，考虑客源市场需求与游客感知等多方面信息，将洛浦县阿其克乡乌鲁格拜勒村旅游发展格局划分为"一道两园"空间结构。

"一道"指峡谷廊道。峡谷廊道工程主要包含绿色廊道、河谷绿道和婚纱写真拍摄基地三大内容，旨在打造休闲观光线路。

"两园"分别指特色民宿"地球仓"休闲园和一线天攀岩运动休闲园。"地球仓"项目旨在打造生态、科技二合一的特色民宿，成为沙漠旅行的一道亮丽的风景线；一线天攀岩运动休闲园，直击户外旅游热点，主打刺激挑战特色。

除此之外，对于村落的居住空间，通过"旧屋改造"工程，将村民居住屋转变成村落全域旅游的一大要素，通过生活气息和古朴建筑，使得旧屋以整体一致形象融入整个旅游当中，达到旅游致富目的的同时，不破坏当地日常生活和当地的生态环境。

（2）旅游线路设计

基于村落实际情况，设计一条主旅游线路。

游客通过旅游大巴或者自驾游形式到达农家乐，将车辆统一归停农家乐处的停车场，游客行李由"地球仓"管理中心统一运送到"地球仓"，游客通过自行车骑行或者步行形式，穿过绿色廊道，到达"地球仓"进行入住。根据游客的自由意志和到达村落的实际情况，行程可以在1~2天内完成。

2. 精准扶贫

通过引导社会资本投入、各级财政资金配套、农户参与机制设计、旅游扶贫业态策划、开展旅游人才培训、对贫困户精准指导等方式实现精准扶贫。

3. 市场推广

六村合一，打造统一对外宣传窗口；专事专办，为"援疆号"打造主题式服务营销；开发特色产品，打造特色旅游节庆；打造"互联网+宣传"，全线打通新媒体营销；玩转视频营销，即时互动身临其境；明星真人秀，综艺节目带动流量。

4. 保障措施

（1）加强组织领导；

（2）依法管理监督；

（3）制定科学规划；

（4）培养引进人才；

（5）创新运作模式；

（6）发展旅游电商。

三、主要特点

尽管地理位置、气候等自然条件成为乌鲁格拜勒村致贫的一个重要客观因素，但独特的地理环境也给了乌鲁格拜勒村发展旅游业得天独厚的条件和潜力，可善加利用。

乌鲁格拜勒村基础设施落后，利用旅游扶贫项目，在带动就业的同时，可以显著改善居民生存环境。

四、编制过程

（一）项目背景

为贯彻落实中共中央办公厅和国务院办公厅《关于支持深度贫困地区脱贫攻坚的实施意见》（厅字〔2017〕41号）精神，实现中华民族伟大复兴，打好扶贫攻坚战，北京河沙旅游文化有限责任公司迅速成立"旅游扶贫规划组"，在充分研究原国家旅游局办公室关于《关于开展"三区三州"深度贫困地区旅游规划扶贫公益行动的通知》（旅办发〔2017〕345号）文件精神的基础上，结合"十九大"以来党和国家对乡村振兴战略相关理论与实践研究的基础，开展了对新疆和田地区洛浦县阿其克乡乌鲁格拜勒村的调研工作，充分了解现有扶贫政策和当地旅游发展现状，以新疆和田地区洛浦县阿其克乡乌鲁格拜勒村现有资源为基础，借助旅游产业，在乡村振兴战略、精准扶贫、旅游扶贫等理论和实践的指导下，以加快新疆和田地区洛浦县阿其克乡乌鲁格拜勒村旅游发展，实现精准扶贫为总目标，编制了新疆和田地区洛浦县阿其克乡乌鲁格拜勒村旅游扶贫专项规划。

（二）实地调研

通过前期准备，项目组深入和田地区洛浦县阿克齐乡乌鲁格拜勒村开展实地调研工作。通过基础资料收集、文献查阅、现场勘探、村民访谈等调查手段，掌握了村落社会发展基本资料，对乌鲁格拜勒村的产业现状、区位交通、旅游资源、人口情况

乌鲁格拜勒村调研现场

等有了充分的了解，在此基础上，对村落致贫原因进行了深入分析，为下一步规划编制奠定了良好的理论基础。乌鲁格拜勒村位于洛浦县阿其克乡政府南部2公里处，距离阿其克乡政府仅1.5公里，紧邻昆仑山脉，具备峡谷、瀑布、阿其克河等特色自然资源。

五、实施情况

本次规划以旅游发展为切入点和主要方式,力图实现和田地区洛浦县阿克齐乡乌鲁格拜勒村振兴和精准扶贫。重点以当地独特的自然风光和文化积淀为基础,策划将乌鲁格拜勒村打造成特色村寨与度假康养相结合的乡村旅游村。基于这一发展定位,策划别具一格的特色民宿风格,以构造特色村寨,策划系列与绿色生态相关的休闲度假主导的旅游项目,形成特色吸引的主题性旅游产品。

(一)规划原则及目标

坚持以市场导向、产业融合、精准扶贫、持续发展和以人为本为基本原则,综合考量洛浦县阿其克乡乌鲁格拜勒村现有的旅游资源以及可打造的旅游要素,将其打造成和田旅游"六玉昆仑"构架中的"绿茵之玉",以其现有的自然风光以及旅游资源为基准,营造生态型休闲村庄,突出绿色旅游、生态旅游、休闲旅游概念,成就绿色昆仑。

根据规划期限,发展目标主要分为近期目标和中远期目标。到2020年,乌鲁格拜勒村旅游产业主要经济指标实现翻番。借助旅游精准扶贫相关政策红利,根据村落旅游路线规划,村落每批游客计划游玩1~2天,以每批游客60~100人计算,游客人均消费500/次,实现旅游接待人数达到720~1200人/月,旅游收入达到36~60万/月。到2035年,乌鲁格拜勒村旅游产业主要经济指标增速加快,实现旅游接待人数、旅游收入、人均收入实现翻番,不再存在贫困人口。

(二)客源与项目

客源主要以和田市区游客、援疆对口省市团体游客和新疆散客为主,有针对性的谋划峡谷廊道、特色民宿"地球仓"休闲园、一线天攀岩运动休闲园以及在现有居民居住房原址上进行整体性旧屋改造等项目。

其中，以旅游休闲、绿色康体养生为功能定位，休闲旅游业、乡村旅游业为产业定位，生态休闲市场，绿色康养市场为生态定位，峡谷廊道打造自然生态绿色廊道主项目，通过种植葫芦和其他攀藤植物，打造5公里的天然绿色拱桥，形成沙漠最长绿色廊道景观。特色民宿"地球仓"休闲园则以自助式"移动智能生态酒店"为卖点，是推动旅游扶贫最快最环保最直接的新业态产品，其设计理念是希望旅客和大自然融为一体，实现人与自然亲近共融的全新旅居生活方式。一线天攀岩运动休闲园市场定位为户外运动市场，结合一线天附近山壁的实际情况，设置低、中、高三段难度攀岩路线进行安全改造，建设一线天岩石攀岩基地，同时，基地可承办各种规模的攀岩赛事，日常运营可以针对不同类型的游客，打造不同的竞赛性质活动。

（三）功能分区与精准扶贫

乌鲁格拜勒村发展格局规划为"一道两园"空间结构，"一道"指峡谷廊道；峡谷廊道工程主要包含绿色廊道、河谷绿道和婚纱写真拍摄基地三大内容。"两园"分别指特色民宿"地球仓"休闲园和一线天攀岩运动休闲园。此外，对于村落的居住空间，通过"旧屋改造"工程，将村民居住屋转变成村落全域旅游的一大要素，通过生活气息和古朴建筑，使得旧屋以整体一致形象融入整个旅游当中，达到旅游致富目的的同时，不破坏当地日常生活和当地的生态环境。

通过引导社会资本投入、各级财政资金配套、农户参与机制设计、旅游扶贫业态策划、开展旅游人才培训等举措，实现精准扶贫。

总之，规划旨在结合新疆维吾尔自治区、和田地区旅游发展现状，以洛浦县阿其克乡乌鲁格拜勒村现有资源为基础，突出特色、精心组织、整合资源、科学规划、勇于创新，借助旅游这一"朝阳产业"和新时期的"战略支柱产业"，使当地居民共享旅游发展成果的同时，实现和田地区乡村振兴战略顺利实施和当地村民收入翻番及整体脱贫。

喀什地区乌依鲁克村旅游扶贫规划案例

山东省旅游规划设计研究院

乌依鲁克村项目规划

一、村情概况

乌依鲁克村位于麦盖提县央塔克乡，地处中国最大沙漠——塔克拉玛干沙漠边缘。内辖3个村民小组，全村共403户1483人。耕地面积5975亩，人均

新疆

喀什地区乌依鲁克村旅游扶贫规划案例

农业种植特色

耕地 4.05 亩，红枣种植面积 2800 亩，小麦种植面积 1050 亩，棉花种植面积 4200 亩，核桃面积 360 亩。

截至 2018 年年底，全村建档立卡贫困户 193 户 675 人（因学致贫 10 人，因病致贫 13 人，因残致贫 19 人，缺技术 286 人，缺劳动力 28 人，缺土地 235 人，缺资金 84 人）。究其贫困原因，一是受地理环境和气候制约，常年干旱少雨，水资源匮乏，农业产量偏低；二是地处喀什腹地，离地区中心城市较为偏远，与外界沟通不畅，交通不便，农产品长期存在滞销问题；三是村民受教育程度普遍偏低，就业观念滞后，仍然安于现状，存在"等靠要"思想，脱贫内生动力不足；四是缺少特色农产品及拳头产品，与周围乡镇同质化现象严重。

家庭生活状况

191

二、规划思路

（一）战略定位

1. 总体定位

深入贯彻中央和自治区党委及政府关于扶贫工作的战略指导思想，借助加快边疆民族地区跨越发展的新机遇，顺应西部边疆地区乡村休闲旅游的发展趋势，依托乌依鲁克村的资源优势，以"新疆是个好地方"优美的边疆生态环境为本底，以独特的民俗文化、林果产业、乡村经济为本色，以"刀郎枣乡"为品牌形象，充分发挥旅游在稳疆富民、脱贫攻坚、生态环保和乡村振兴等方面的功能作用，通过功能转换、空间转化和产业转型，形成以民俗风情观光、果业文化体验以及农业休闲游乐为主的综合型乡村旅游产品体系，带动村民就地脱贫致富，构建旅游扶贫的标杆，打造喀什地区的乡村生态旅游扶贫示范村。

2. 形象定位

刀郎之乡，羌海枣园

3. 旅游品牌

刀郎枣乡

4. 发展目标

通过旅游功能的植入，使乌依鲁克村的林果种植业和乡村旅游业融合发展，将乌依鲁克村打造成为喀什地区乡村旅游扶贫示范村，实现农民的就地就业创业，提高人均收入，确保到2020年实现脱贫致富。

- 农民收入明显增加，2020年全面脱贫致富
- 构建农旅融合的乡村旅游产业链
- 乡村设施建设全面改善
- 农村发展的造血功能完善

（二）战略思路

1. 实施产业依托型的乡村旅游开发模式

乌依鲁克村林果种植业基础较好，特色突出，连片种植，粗具规模，应以红枣种植业为基础，以提高经济效益为目的，拓展农业多功能性，将果树种植业与旅游产业要素巧妙融合，果旅融合，产业互动，提供特色的农业服务和旅游服务，做到有景可赏、有物可采、有鲜可尝、有技可习，增强对城市居民的吸引力，有效吸引客源市场。

2. 优化旅游管理体制，建设农民旅游合作社，实施"政府主导，市场运作，村民参与"的综合型开发战略

优先解决旅游区的管理体制，优化经营机制。在旅游开发启动期采取"以政府为主导，以企业为开发主体，采取市场化、规范化运作的旅游开发新型模式，全面调动农民和农村社区积极性"的战略。政府主导是指政府根据市场经济规律，对旅游发展进行宏观调控；市场运作是指针对不同的景区景点采取不同的投资体制，实现投资渠道多元化，采取"国家、地方、部门、集体和个人一起上"的方针，按照"公益性项目以政府为投资主体，经营性项目以企业为投资主体"的基本原则，走投资多元化的发展道路。

3. "小社区 + 大园区"的空间开发形态，构建田园村野林互融、文化生态互动的空间系统

以乌依鲁克村为核心，周边分布多片林区，能提供多样的旅游体验空间，还能满足农家特色的接待服务。同时，以村落为核心，将周边的田野、果林等资源有效纳入旅游空间体系中，做好自然生态与文化民俗的结合，乡村与田园的结合，观光与休闲游乐的结合，并配套各项基础设施，布局食、住、行、游、购、娱完备的旅游服务，形成综合性的乡村休闲旅游目的地。

4. 以旅游业为带动，强化乡村休闲功能，培育要素产业，提升综合效益，形成六次产业，带动乡村经济发展

旅游扶贫村建设必须强化旅游功能，做大观光休闲产品，完善配套设施，

积极培育相关要素产业，特别是增加食、购、娱等要素产业的收入，形成一产种植、二产加工、三产旅游共同融合的六次产业结构，从而提升产业的综合收益。同时做好与村域内的生态农业等产业的关联协作，优化社区的产业结构，带动乡村经济发展。

5．"休闲性＋多元化"的现代乡村旅游概念，强化产品的参与性、体验性，建设好看、好玩、好居、好购的多元化乡村旅游产品体系

现代人们的休闲方式多注重于心灵的释放、自我满足和个性体验。强化旅游区的休闲功能，重点开发农俗体验、果园休闲、红枣采摘、生态游乐、乡村休闲项目。以多元化的功能满足游客的多方面诉求，形成各类型产品之间相互补充、相互促进的结构关系，以提升乌依鲁克村整体竞争力，实现效益的最大化。

6．"利益共享"的科学发展理念，关注社区利益，使旅游扶贫落到实处

乌依鲁克村将来的收益包含了多方面，主要有餐饮收益、住宿收益、活动收益、农产收益、设施经营与租赁收益等，综合经济效益可观，但必须坚持"利益共享"的科学发展理念，妥善处理与社区利益之间的关系，调动村民发展乡村旅游的积极性，让农民真正得到实惠，实现脱贫致富。

三、主要特点

（一）重点项目实施

乌依鲁克村根据景观和功能，划分为四大旅游项目布局。

功能区	主题功能
刀郎枣香	综合管理、配套服务
枣园人家	刀郎之乡民俗参与、体验
甜蜜乐园	乡村休闲、体验
枣王农场	枣园观光、枣文化体验

1. 刀郎枣乡民宿

挑选有条件的住户房舍进行改造，打造以"刀郎枣乡"为主体住宿接待品牌。借助民宿院落空间融入刀郎文化，开展"刀郎木卡姆"和"刀郎麦西来甫"等世界非物质文化遗产展示，现场表演刀郎歌舞、刀郎乐器。

改造院落，营造几种典型的枣乡农舍和枣文化民俗院落，展示刀郎枣乡人家的日常生活场景，居住、饮食、劳动、结婚、信仰等方面的内容，充分展现当地人民淳朴好客的乡土风貌，体现枣乡的自然风情，展现维乡风貌和人文风情。

枣乡民宿

2. 金鑫庄园

对金鑫庄园进行改造提升，完善旅游设施，提升接待规模和水平。庄园内主要开发枣乡宴和当地农家特色菜系。按照不同时令，有计划地安排各种不同

金鑫庄园

类型的以红枣为原料的食品、小吃。同时开发小规模的舞台表演，邀请当地刀郎艺人进行驻场表演。

3. 葡萄文化长廊

借助村中各家葡萄种植基础，提升现有葡萄廊架的景观效果，以图片、多媒体演示、实物标本展览等形式打造葡萄主题文化长廊，进行葡萄文化普及与宣传。

在当地葡萄解说员的指导下，开展葡萄体验游，进行葡萄相关产品体验，如葡萄干、葡萄汁品尝等，引导游客制作各种葡萄美食、甜点。

葡萄长廊

4. 乡村风情街

村内打造一条以本地特色产品手工加工经营为主的乡村风情街。风情街内主要销售旅游纪念品、乡村土特产。

可借助院落或店铺，运用传统工艺和卫生规范，现场加工土特产品，进行生产演示，让游客参与生产的全过程。

5. 枣林果园

利用枣树的生长特点，积极发展林下经济，形成枣果间作、林下种养等多种生态种植方式，如可在枣树林下种西瓜、林下养蜂、养鸡，打造刀郎枣林蜂蜜、枣林绿色鸡等品牌，不断拓宽枣树产业内涵，既能提高经济收益，还能丰富枣园景观，提升景区品位。

整合周边特色果林，成立乡村现代农业合作社，统一规划，种植有机蔬菜、瓜果等经济作物。面向游客组织采摘、观花、认养等活动，并在各个季节推出相应的采摘节、观花节等节庆活动。根据季节需求，推出农作、采摘、初加工等特色旅游产品，打造以乡村耕作为主题的休闲娱乐区。同时可作为中小学生农耕体验活动基地。

（二）旅游产品组织

乌依鲁克村的旅游产品开发是现阶段乡村旅游发展的重点，应以乡村风貌和刀郎民俗为基础，以市场需求为导向，优化产品供给，延长和拓展乡村旅游产业链；贯彻生态理念，开发绿色农业和低碳旅游产品；实现刀郎文化产品的深度开发，形成科普研学游线，提升体验品质；坚持多元开发，实现产品集群化发展，形成具有市场吸引力的产品体系，打造旅游扶贫和乡村振兴的"麦盖提样板"。

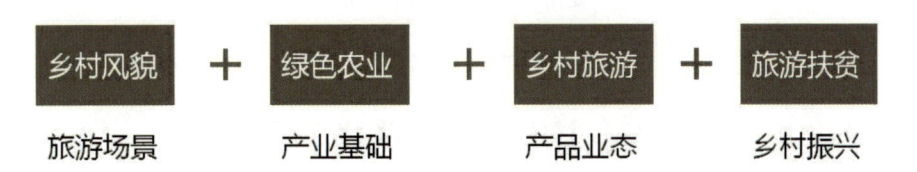

乡村风貌	+	绿色农业	+	乡村旅游	+	旅游扶贫
旅游场景		产业基础		产品业态		乡村振兴

在深入研究"乡村旅游+休闲农业+精准扶贫+美丽乡村+乡村振兴"开发模式的基础上，针对旅游发展、市场需求和精准扶贫的需要，构建集乡村风情观光、刀郎文化体验、庄园休闲游乐、乡村科普研学和主题节庆活动等于一体的乡村旅游产品集群。

乌依鲁克村乡村旅游产品谱系

产品类型	主体产品	开发要点
乡村风情游	乡村风情观光 枣园休闲慢游 葡萄长廊休闲	倡导生态理念，形成空气清新、村容整洁的麦盖提乡村生态景观，给游客回归自然的享受。增加徒步、骑行、烧烤、采摘、农家乐餐饮等乡村休闲游乐项目。
刀郎文化游	刀郎文化体验 刀郎民俗表演 刀郎主题购物	拓展展示空间，以刀郎家园为主题，对村容村貌进行提升，融入刀郎乡里景区串联游线，展示刀郎家园民俗文化。增加游客参与、体验活动，并开发刀郎文化旅游纪念品。
庄园休闲游	金鑫庄园休闲 生态果蔬采摘 庄园游乐拓展	拓展金鑫庄园的发展空间，利用田园综合体的理念开发庄园休闲产品，打造"农家乐+现代农业庄园"融合发展的经典案例。开展庄园婚礼、生态垂钓、果蔬采摘、农事体验、BBQ、民俗表演、运动拓展等活动。
科普研学游	刀郎文化研学 红枣文化科普 乡村生活研学 烤馕制作体验	完善接待体系，提升服务环境，优化体验项目，增加科普标识和解说系统，开展生态科普、民俗体验、非遗研学、手工制作（枣夹核桃DIY、红枣脆片DIY、红枣汁制作等）、中小学夏令营等科普研学活动。
主题节庆游	踏青赏花节 研学夏令营 乡村美食节 红枣采摘节	打造一个代表性品牌节庆，若干节点活动（专项节庆与时令节庆）为补充，丰富节庆活动要素，提升创意水平，满足游客对异质文化体验的诉求。

四、旅游扶贫模式创新

（一）农户参与机制设计

1. 建立农民旅游合作社，激发社区合作经营活力

在村党支部的领导下，成立乌依鲁克村农民旅游合作社，由合作社对村内旅游资源进行统一管理，综合开发，农民以自家的土地和现金等多种方式加入合作社，合理分配股权，在不改变原有土地承包关系的前提下实现土地的集约利用。

2. "能人带户 + 景区带村"，因地制宜推进乡村旅游精准扶贫

乌依鲁克村旅游发展还比较滞后，应在政府的扶持下，通过培养乡村旅游带头人、示范户，在村民中树立乡村旅游能发家致富的榜样，因地制宜引导村民开展土特产品售卖、乡村艺术展演、农产品加工、乡村旅游接待等旅游活动，将乌依鲁克村打造成喀什乡村田园综合体的典范。同时，要充分发挥临近刀郎乡里景区的地缘优势，深入挖掘红枣文化、刀郎文化、优势产业，通过景区带村模式，带动村民就业和农副产品销售增加收入，最终实现乌依鲁克村整体脱贫摘帽。

3. 拓宽居民参与旅游开发方式，夯实居民利益保障

乡村旅游开发中村民最关心的莫过于利益问题，充分的参与权是村民利益得以保障的重要因素。因此，在乡村旅游规划编制阶段，应就旅游发展方式、方向，广泛征求村民意见。同时，要为村民提供参与旅游开发经营的方式与途径，积极引导村民参与旅游经营与管理，如村民开办农家乐或民宿提供旅游接待服务；村民担任景区讲解员、安保、绿化、商品售卖人员等参与景区旅游经营等。最后，要根据实际情况，综合考量，建立公平合理的利益分配机制，保障村民利益。

（二）因地制宜选择项目开发运营模式

当乡村旅游的基础奠定之后，可以采用多样化的经营模式，按照现代企业制度的要求，逐步构建以政府为管理主体，企业为投资主体，公司、景区、农户为经营主体的旅游运营模式。

设计如下经营模式：公司 + 农户的模式、公司 + 社区 + 农户的模式、农民旅游合作社 + 公司 + 农户模式、政府 + 公司 + 农户模式、家庭农场模式等。根据乌依鲁克村的实际情况，各板块选择不同的发展模式，如枣王农场可以采用家庭农场的发展模式，"刀郎枣乡"品牌主题民宿可以采用"农民合作社 + 公司 + 农户"的模式等。

五、实施情况

乌依鲁克村旅游资源相对匮乏，以农家乐为标志的乡村旅游尚处在起步阶段。在规划的指导下，在扶贫工作组的帮助下，结合本村实际，在加强组织建设、加强民族团结、庭院经济建设、社会安全稳定等多方面开展工作，全面帮扶乌依鲁克村发展进步。

推进新农村建设，改善基础设施和村容村貌，铺设完成三纵三横"田字型"7条道路建设，搭建1700米长的两条葡萄长廊，使乌依鲁克村展现出集群众安居、环境美化和富民发展相结合的新农村形象，使其成为乌依鲁克村的新地标，对积极推进乡村旅游有着很大促进作用。

乌依鲁克村旅游扶贫创业基地——金鑫庄园，系央塔克乡唯一的农家乐。主要经营农家乐、观光采摘、垂钓、团餐接待等。目前全村发展乡村旅游以金鑫庄园为依托，免费为贫困户提供厨师、服务员等岗位培训。并且以点带面，带动本村农户通过特色养殖、农副产品销售、特色手工制品销售等多渠道增收致富。

乌依鲁克村距离刀郎乡里景区3公里，刀郎湖景区10公里，已经与上述景区连片连线联合推介，捆绑营销。以利于统一民族特色小吃、刀郎特色工艺品、民族特色演艺等富民创收项目，形成民族地区富有特色的旅游集群优势。

克州皮拉勒村旅游扶贫规划案例

北京土人城市规划设计股份有限公司

自发畜牧养殖——围栏草场　　　　村庄处于冰川河谷——雪山

2018—2019年克州在国家及自治区文化和旅游厅的大力帮扶下，完成了四个公益扶贫规划，分别是：阿克陶县奥依塔克镇皮拉勒村、阿克陶县布伦口乡恰克拉克村、阿克陶县塔尔乡、阿图什市上阿图什镇四个公益扶贫规划。目前，四个公益扶贫规划均已完成编制，严格按照相关要求通过评审，正在稳步推进规划实施工作。为切实做好旅游扶贫公益规划实施工作，现结合实际，将阿克陶县奥依塔克镇皮拉勒村扶贫公益规划编制情况剖析如下：

一、村情概况

（一）高山牧区村庄

皮拉勒村村委会位于奥依塔克镇西北方向临近国道314，距乡政府中心16公里，距离阿克陶县45公里。村总面积9.62平方公里，是典型的高山牧区。村民聚居点布局较为分散，部分村民小组位于奥依塔克河谷区域冰川公园景区范围内。

（二）贫困现状与成因

皮拉勒村建档立卡贫困户人数160户566人，占总人数的60%，贫困发生率48.7%。皮拉勒村以第一产业为主，高技术含量、高附加值产业少。村民收入水平低。缺乏主导产业支撑与资金注入，村民缺土地、缺乏技能是皮拉勒村主要的致贫原因。据统计，因缺土地、缺技术致贫的人口占目前未脱贫人数的81.1%。产业升级与技术支持对于村庄脱贫工作至关重要。

致贫原因统计

原因	缺土地	缺劳力	缺技术	因病因残	因学	合计
人数	107	13	228	60	5	413
百分比	25.9%	3.1%	55.2%	14.5%	1.2%	100%

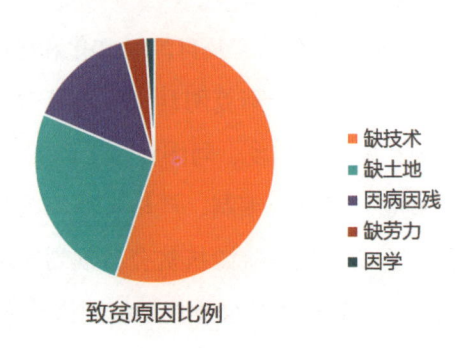

致贫原因比例

（三）资源优越有待整合利用

奥依塔克镇域大量土地及自然村位于4A级景区奥依塔克冰川公园之内，皮拉勒村部分居民即居住在景区内部。

奥依塔克冰川公园及周边特殊的地形地貌、美丽的冰川河谷、丰富的生态物产、独特的边塞文化和柯尔克孜族牧村民族风情是皮拉勒村主要的旅游资源。

但目前景区旅游活动项目较少，景区旅游活动缺乏组织，游客自发户外野餐露营活动对景区生态造成影响。游客停留时间短，入园门票为主要收入，创造收益与就业有限。亟待合理有序的旅游开发与运营管理。

二、规划思路

当前村庄半农半牧产业结构土地依赖性高、收益水平低。皮拉勒现状贫困人口比例过半，拥有宝贵的自然奇景与民族人文旅游资源，却经受着贫穷。

规划从区域旅游市场前景、镇域产业发展格局到村庄实际设施条件与贫困户具体致贫原因等多个层面综合进行调查分析，为切实促进本地旅游产业发展、提升村庄生活条件、建立农户创收机制提出一套符合本地特点和实际需求、精准落地的行动方案。

规划工作结合本地基层实践，为绿水青山真正成为属于百姓的金山银山创造可能。

三、主要特点

（一）高点站位实处落脚，旅游产业发展方向定位精准

为打破受交通、气候等条件影响，客源市场受限的局面，规划结合"一带一路"时代战略背景，提议改变单一观光游的发展模式，引入多样化参与体验

型产品，丰富内容扩大市场。发挥中巴友谊之路沿线独特的自然、人文以及爱国主义教育旅游资源优势，发展特色研学旅游。

奥依塔克镇凭借冰川公园独特地质景观资源与柯尔克孜特色民俗文化，结合作为农产加工及轻工业产业集镇具备的优势交通区位，具备形成以特色地质科普与户外游学为主题，综合特色旅游接待、本地农特产品生产等多样旅游产品的产业转型带动区。

皮拉勒村作为重要的景区服务节点与产业服务村（上皮拉勒村临近产业园、下皮拉勒位于景区河谷），村民将有机会全面参与到旅游产业中来。一方面，提供住宿餐饮等旅游服务项目与民族文化体验，突出冰川河谷牧村特色；另一方

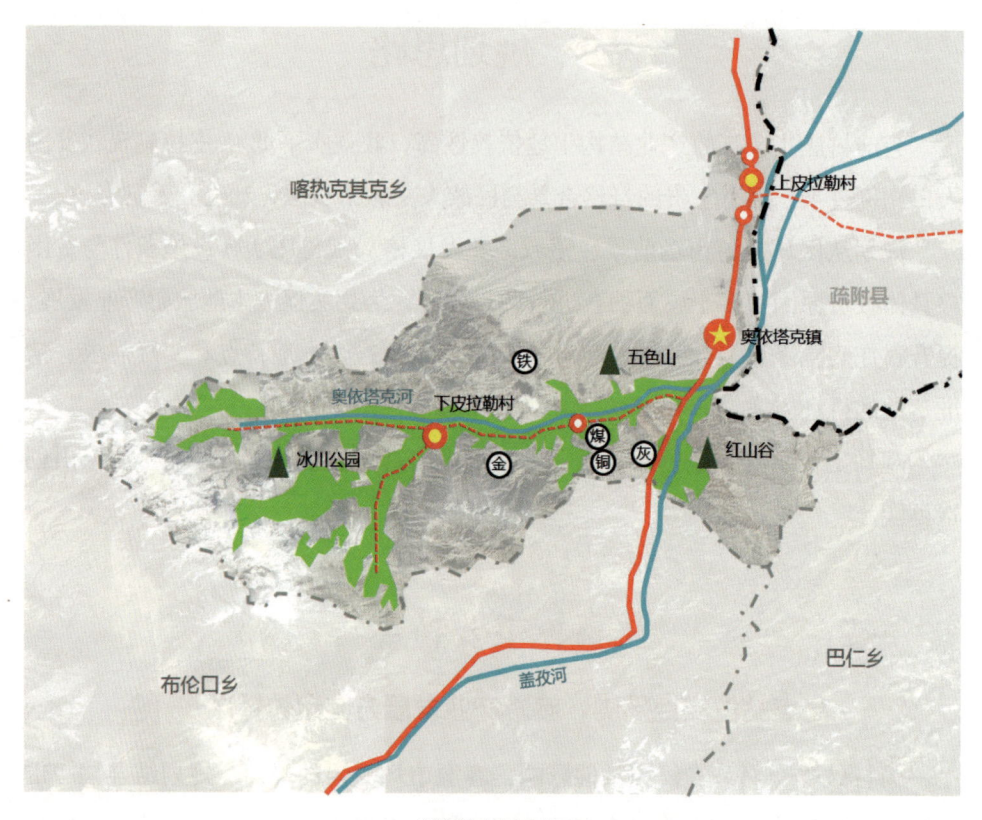

镇域村庄区位

新疆
克州皮拉勒村旅游扶贫规划案例

冰川公园景区现状——旅游活动无序，收益有限，破坏环境

面，工业园区产业联动，开发旅游商品发挥生产服务职能，拓宽旅游产业发展维度。

（二）旅游项目设置特色鲜明，强调本土性、民族性、原生态

依托冰川公园景区与村庄聚落空间，策划布置体现本土特色、适于村民参与的景区旅游项目。

利用现状村庄道路、民居空间，置入民俗街、牧家乐、特色民俗和民俗体验课堂等项目，全景展现原汁原味的柯尔克孜河谷牧村民族文化和乡土生活方式。

临近村庄规划景区游客中心，提供齐全的旅游接待服务功能外，打造以冰川公园特色地质科考为主题的展馆，设置河谷花海露营地、汽车营地，提供露营临时住宿、户外餐饮、摄影服务，以及本地向导带领的实地户外地质生态科考项目。

（三）设施建设立足村庄实际，经济节约、可实施性强

项目建设立足本地具体情况、村庄现状资源与经济条件，遵循节约原则。以现状建筑改造为主，尽量不造成资源浪费；就地取材生态环保，降低成本突

205

"三区三州"
旅游规划扶贫公益行动优秀规划案例选编

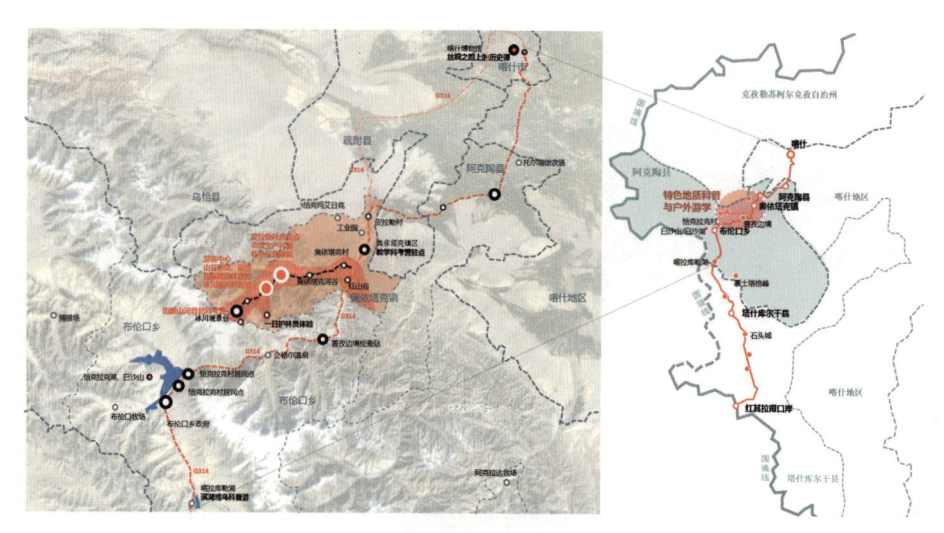

中巴友谊之路特色游学

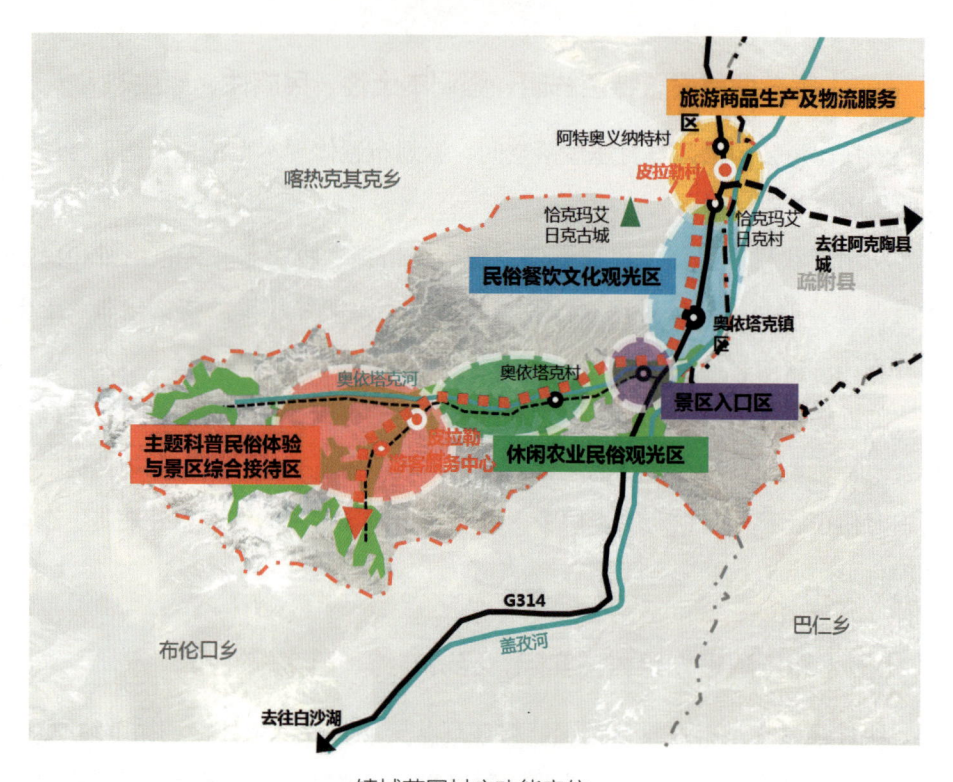

镇域范围村庄功能定位

新疆
克州皮拉勒村旅游扶贫规划案例

出地域特色；结合临时性可拆卸设施，适应高原气候，节约建设成本，降低生态影响。

景区村庄聚落区域均为存量改造项目，结合功能梳理与空间改造。

改造现状安置房建筑饰面与构件，体现地域风情民族特色；对室外沿街空间进行环境提升，提供荫棚等非固定休憩设施，增加生态雨水设施提升沿街环境品质，形成适应本地气候特征的户外交往空间；修缮改造老旧民居，原址修

景区相关产品策划布局

"三区三州"
旅游规划扶贫公益行动优秀规划案例选编

1- 边疆牧村民俗街
2- 冰川河谷牧家乐
3- 牧野山居特色民宿
4- 村庄民俗历史课堂
5- 农牧生产体验课堂

村庄居民点规划平面

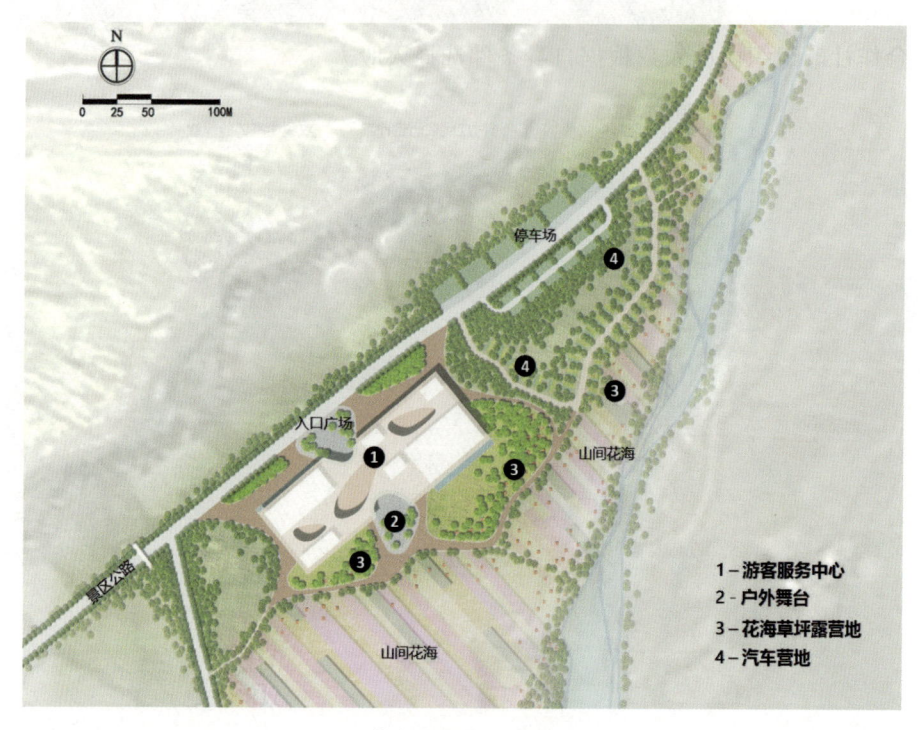

1- 游客服务中心
2- 户外舞台
3- 花海草坪露营地
4- 汽车营地

游客服务中心平面

复，改造功能内装，加固重建夯土建筑墙体，砖结构建筑加夯土饰面，门窗构件统一改造，强化传统民居元素体现民族特色。

改造建设成本低，就地取材操作简便，为扶贫旅游建设节约投入成本。

（四）参与机制针对村民实际需求，多样选择切实增收

村庄旅游发展采取景区带动模式，大处着眼，以旅游公司结合景区发挥龙头带动作用，整合区域资源布局旅游产业；小处着手，针对牧区村民居住分散、受教育程度偏低的实际情况，创造性引入"景区＋合作社＋农户"的参与机制，通过合作社匹配景区与村民需求，组织村民学习专项技能、参与景区服务及设施经营活动。

根据村庄可提供的主要旅游功能和农户的切实需求，引入民宿园地经营协会、旅游服务技能培训中心、农特产及旅游商品产销合作社三种类型的旅游对接合作社。组织协助农户根据自身条件选择入股方式，提供对口旅游服务技能培训与岗位介绍，提升农户农特产品、旅游商品生产效率，整合生产资源与销售渠道，保证农户的切身利益。

存量改造

场地利用划分
利用临街场地，为户外休憩、展示表演、民俗市集等活动提供空间

荫棚、休憩设施
增设葡萄廊架，提供遮阴，布置坐凳等休憩设施

存量改造

（五）品牌营销别开生面，扩大影响集聚能量

紧扣冰川公园、美丽牧村两大品牌主题，结合本地产业优势开发特色系列产品。与本地特色产业广泛建立合作：商品涵盖文创纪念品、户外轻纺服饰用具、畜牧农副产品、民族手工艺、特色牧区生产工具等多样门类。多样化开发产品类型，将延长景区及乡村旅游产业链，高效带动区域产业转型发展。

充分利用景区资源与镇区产业助力，与周边区域做出差异，打造品牌特色与号召力。让游客携带旅行记忆与品牌产品成为旅游品牌最好的代言人，助力旅游品牌宣传推广。

紧跟时代，提出利用互联网推广本地旅游，助力精准扶贫，在全社会范围扩大影响聚集能量。

"互联网＋旅游品牌推广"：由阿克陶县旅游局牵头与大型旅游网站签订协议，联合推介阿克陶观光游经典线路，推荐包括冰川公园及皮拉勒村在内的沿线旅游景点，创造旅游品牌。

"互联网＋旅游商品推广销售"：结合国家的扶贫政策，贯彻"互联网＋精准扶贫"的策略，由乡镇政府牵头签订大型电商协作销售协议，利用电商的知

新疆
克州皮拉勒村旅游扶贫规划案例

统一建筑构件元素

内装与功能改造

墙体加固改造

夯土墙体/砖+夯土

镂空花墙通风采光

存量改造

名度和平台销售旅游商品。

"互联网＋公益参与"：州县旅游部门、环境保护机构可联合网站环保应用发起"呼吁低碳生活保护冰川""保护边疆森林"等公益活动，助力环保与旅游宣传；社会保障及扶贫机构可借助网络募捐平台，呼吁社会各界对于偏远村庄因病、因残、年迈体弱的贫困户施以援手。

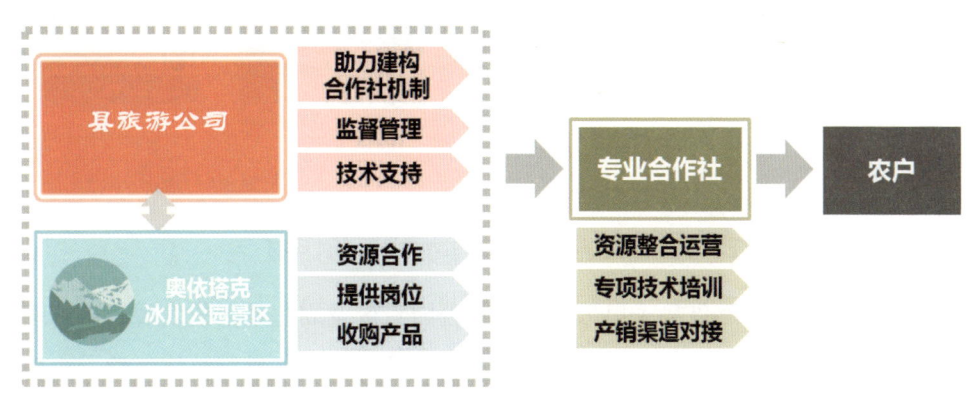

"景区＋合作社＋农户"机制

211

"三区三州"
旅游规划扶贫公益行动优秀规划案例选编

平台公司模式

民宿园地经营协会——参与运营模式

（六）扶贫模式可操作可推广，发挥示范带动作用

村庄的旅游发展借势于奥依塔克冰川公园景区及周边景区的发展，由县政府牵头建立国有控股平台公司，整合资源吸引社会资本，进行整体运营，实现社会公共利用、企业收益、村民致富的综合共赢。

新疆

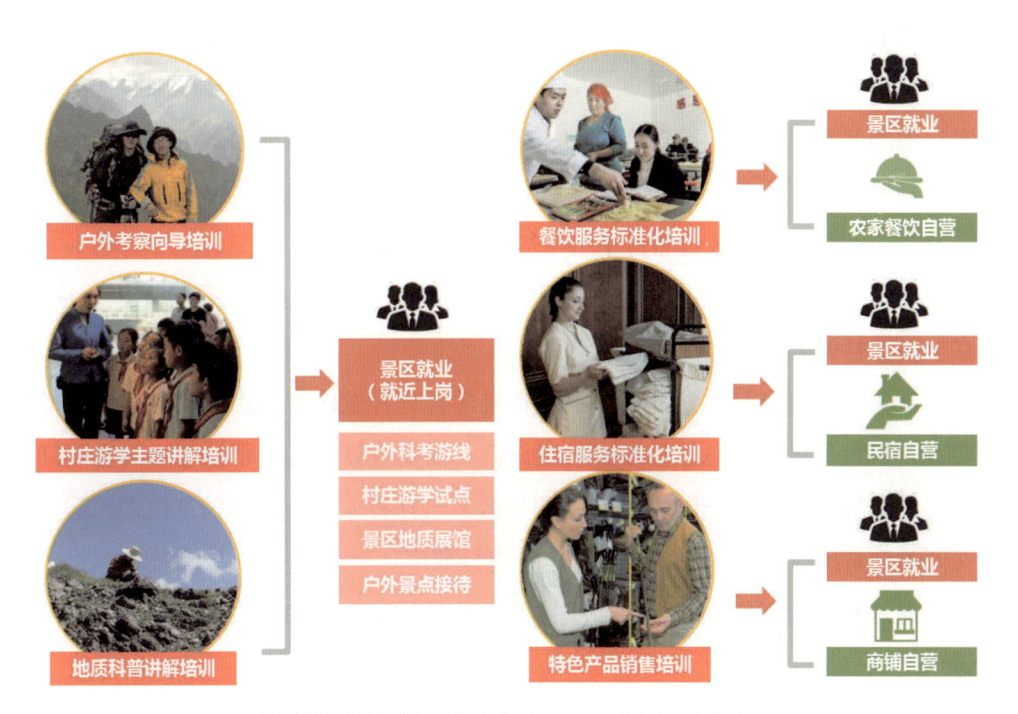

克州皮拉勒村旅游扶贫规划案例

户外考察向导培训

村庄游学主题讲解培训

地质科普讲解培训

景区就业（就近上岗）
- 户外科考游线
- 村庄游学试点
- 景区地质展馆
- 户外景点接待

餐饮服务标准化培训 → 景区就业 / 农家餐饮自营

住宿服务标准化培训 → 景区就业 / 民宿自营

特色产品销售培训 → 景区就业 / 商铺自营

旅游服务技能培训中心合作社——参与运营模式

技术支持 / 生产组织 / 质量把控　　货源供应 / 需求反馈

农牧产品

手工艺品

加工厂　景区　农家乐

¥

纪念品商铺　民宿装饰

旅游商品产销合作社——参与运营模式

213

政府保障监督下，公司与景区合作之初以旅游扶贫作为合作项目。景区与政府合作，以皮拉勒村为试点，配合景区建设先期推进，率先开展旅游扶贫与农户参与实践。以皮拉勒试点带动，逐步将专项合作社发展为景区或平台内的独立经营组织，逐步将皮"景区＋合作社＋农户"的扶贫模式推广惠及景区内部及周边大量高山牧区自然村小组与贫困村。

皮拉勒村作为具备优质旅游资源、缺乏产业带动与村民引导的贫困村庄，在全国推行旅游产业扶贫的对象中具有典型性。

针对贫困村自身力量薄弱，不具备科学合理开发旅游资源形成支柱产业的实力，以及贫困人口总体受教育程度偏低，需要有针对性的帮扶引导的实际问题。本案提出了平台公司整体运营、"景区＋合作社＋农户"的扶贫模式。适于在同类型贫困村镇地区旅游扶贫工作中进行推广。

通过科学合理的规划指导与坚持不懈的基层实践，旅游扶贫的理想终将照进现实。

四、存在问题

（一）整体投入开发长期严重不足

一是景区建设滞后。景区内交通、电力等基础设施建设滞后，旅游集散、停车、公厕、咨询、导引、信息化等公共服务设施严重缺乏，游客进入性、体验性差。二是旅游接待能力弱。旅行社仅有5家，其中两家处于停业状态，量少体弱，无法保障必要的地接服务。三是旅游资源开发程度低。"资源多、开发少。"114个特品级、优良级旅游资源单体中，目前得到开发的仅有24处，诸多优质旅游资源至今还未得到很好的开发利用。

（二）经营管理跟不上，资源优势尚未转化为产业优势

乌恰红山谷、高原胡杨生态林等景区，因为多种原因，既没有经营也没有

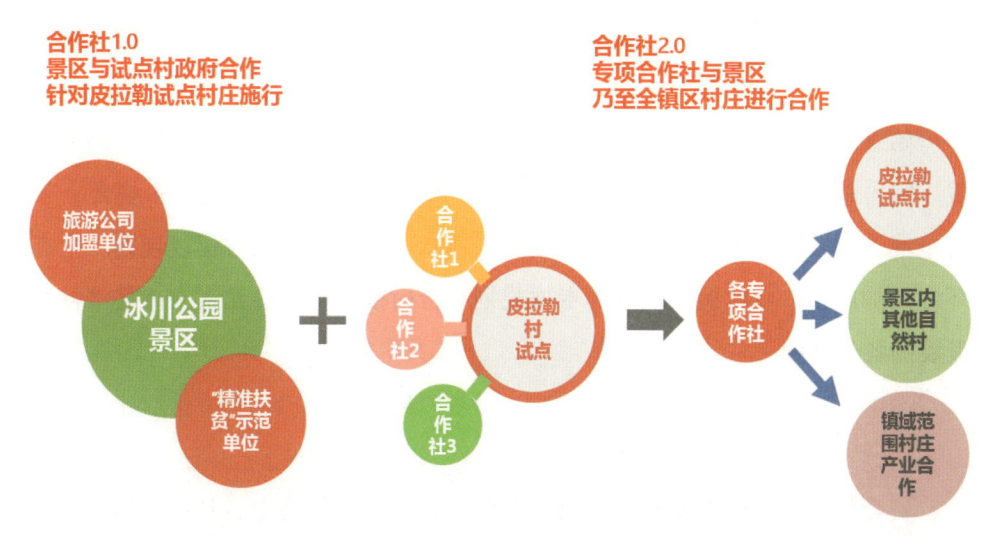

合作社1.0
景区与试点村政府合作
针对皮拉勒试点村庄施行

合作社2.0
专项合作社与景区
乃至全镇区村庄进行合作

"景区+（专业部类）合作社+农户"扶贫模式实施与推广

保护，外来人员和车辆随意进入，对景区生态造成严重破坏。

（三）工作机制不完善，工作力量和旅游人才严重缺乏

"党政统筹、高位推动、部门联动、定期调度、齐抓共管"的旅游工作机制未形成合力；在岗的、相对熟悉旅游业务的工作人员极少，工作安排部署推动落实困难；另外，旅游行业从业人员缺乏专业型人才和技能型人才，全州旅游行业具有旅游专业高等教育学历人才只有 5 名。

五、实施情况

（一）统一思想，凝聚共识

州、县、乡严格按照规划设计稳步推进旅游发展任务，进一步统一思想、凝聚共识、增强信心，要有一件接着一件办、一年接着一年干的决心，统一布局、统一行动、统筹开发，持续推动克州旅游产业健康快速发展。

（二）统一旅游规划

始终坚持"一体、两翼、一核、四区"旅游发展布局，构建西极天路大环线。突出总体规划，注重规划的科学性、前瞻性、严肃性，推进"多规合一"，将全域旅游发展规划与交通发展规划、城镇整体规划、新农村建设规划、生态环境保护规划、乡村振兴规划等专项规划有机衔接，将旅游元素融入经济社会发展的各个领域。

（三）统一州县招商引资机制

资金是补齐基础设施短板的前提和保障，以自治州为主、县市为辅，以对口援疆前方指挥部为窗口，采取双向招商引资模式，以驻点招商引资的方式，通过引进国内外知名的大集团、大企业参与克州旅游资源整合开发，全面推进旅游资源优势向旅游经济优势转换步伐。

五团（沙河镇）旅游扶贫规划案例

杭州卓越旅游规划设计院有限公司

微地形

一、村情概况

五团组建于1956年，位于阿拉尔地区，温宿县境内，西距阿拉尔市56公里，距温宿县城50余公里，西与二道沟扎木台毗邻。南疆铁路经过其境内，团部南距喀拉玉尔滚火车站9公里，作为南疆、北疆的新通道温—昭公路（温宿县至昭苏县）已在进行前期规划。交通条件十分便利，五团的地理位置优越，

"三区三州"
旅游规划扶贫公益行动优秀规划案例选编

南泥湾公园	城市公园
人民活动礼堂	流沙河上游中苏水电站

使五团成为阿拉尔地区区域性的农副产品交易中心和农副产品及物质的中转站和集散地,"十二五"时期五团所处的地缘区位优势更加凸显。

五团对外交通主要是314国道（乌喀公路）横贯团场，省道215（玉阿公路）阿沙公路在此交会。另外，南疆铁路经过其境内，团部南距喀拉尔滚火车站9公里，交通十分便利。

五团旅游资源涵盖自然资源和人文资源两大类，体现为牧场风光、生态观光农业、军垦文化三大类型，资源组合比较丰富，奠定了五团旅游业发展基础。

五团人文资源数量较丰富，品质较为厚重，具有一定的历史文化科学研究价值，如玉尔滚俱乐部、卫生院遗址、五团老龙口、胜利三渠第一拱桥，都被评定为市级文物保护单位。同时，五团沙河镇麦西来甫民族风情及兵团军垦文化氛围浓郁，为规划区注入了丰富的文化内涵和文化特色。

五团三连作为项目的主要单位，紧抓边疆建设任务，经过60年的建设，已建成条田整齐，路林渠基本配套，农林牧渔综合发展的国有农场。

二、规划思路

（一）项目定位

打造军垦农旅特色区：集文化体验、生态观光、乡村休闲、户外运动等多功能于一体的区域性旅游目的地。

（二）规划发展方向

依托现有文化旅游资源，建设茨楞村旅游景区，以旅游驱动为主导，打造军垦农旅特色区。具体要做到：

现代农业与乡村旅游融合发展，强化现代农业与乡村旅游融合发展，根据五团（沙河镇）典型的地形特征，充分挖掘乡村生态休闲、旅游观光、文化教育价值，积极开发农业多种功能，促进农业产业经营，延长农业产业链，带动农产品和手工艺品加工、休闲地产等相关的发展，促进农业规模化和品牌化的发展。

旅游扶贫与乡村建设融合发展，乡村旅游扶贫与"美丽乡村·四在农家"建设相结合，生态保护、修复和农业经景观建设相结合，改善乡村景观，优化乡村资源结构，提高乡村地区对城市客源市场的吸引力，在保持传统乡村风貌的前提下，推进农村人居环境整治，融入当地的人文历史、风俗民情、产业亮点，促进特色村域和特色小镇的建设和发展。

（三）产业发展方向

五团（沙河镇）规划将农业定位为战略性支柱产业，以旅游业协调发展，推动农业旅游特色化发展，能直接拉动交通运输、商贸服务、食宿娱乐、文化体育等"泛旅游产业"的发展，能促进一、二、三产业的优化升级，对促进城

"三区三州"
旅游规划扶贫公益行动优秀规划案例选编

南泥湾公园　　　　　　　　　　行政中心

乡统筹发展、推动五团（沙河镇）新型城镇化进程、带动广大兵团军民和驻地群众脱贫致富具有重要意义。确立旅游产业为战略性支撑产业，是五团（沙河镇）实现产业结构优化升级，推进科学发展、富民强县的必然选择。

一产为主线：以培育新型农业主体、创新农村产业体系为动力，以特色创建为抓手，加大果蔬、畜牧业等特色产业增长，促进农业提质增效增收。

二产为辅线：大力发展农副产品加工业，充分发挥农业资源优势，推动地方未来经济发展。

三产为助力：鲜明的农业特色和良好的区位条件，大力推进旅游产业、新型城镇化和农业产业化发展。

（四）方案构思

基于现状以及对项目调查分析，以尊重村民意愿、发挥村民力量、规划村民参与为第一原则，紧紧围绕中共中央办公厅和国务院办公厅《关于支持深度贫困地区脱贫攻坚的实施意见》和《关于开展"三区三州"深度贫困地区旅游规划扶贫公益行动的通知》（旅办发〔2017〕345号），以助力精准脱贫为目标，以发展生态旅游为手段，从延伸村落经济产业链条、改善村庄人居环境、提升村民生活品质、挖掘村庄民族文化特色、整理闲置用地等方面对村庄规划构思如下：

以五团团部为中心点,利用五团(沙河镇)生态环境良好、农业产业底蕴深厚的资源特点,重点发展原生态文化旅游业。村庄呈带状发展,通过景观风貌提升、观赏节点与服务节点梳理、娱乐项目开展等措施,构筑五团(沙河镇)的未来旅游发展方向。未来五团(沙河镇)旅游发展主题方向可分为休闲娱乐、文化活动、旅游观光、度假养生、农事体验五大类别。以一、三产业联动发展推进。

以农业种植为基础,增设观赏瓜果产业、药用产业等新业态,壮大特色产业链,打造可持续发展产业主题田园综合体。

发掘沙河镇当地风土民情、乡规民约、民俗演艺等,让游客体验农耕活动和乡村生活的苦乐与礼仪,还原原汁原味的风貌。

通过吸引各类资源与凝聚人心,给日渐萧条的乡村注入新活力,重新激活价值、信任、灵感和认同的归属,增创第三产业的收益。

以旅游业作为驱动性产业,创造城市人的乡村消费,带动乡村社会经济的发展,弥合城乡之间的差距。

将农业生产、农耕文化和农家生活变成商品出售,让城市居民身临其境体验农业、农事、满足愉悦身心的事业,形成新业态。

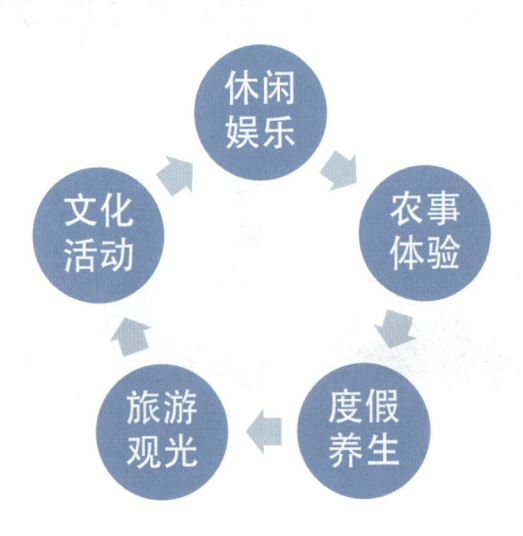

三、主要特点

依托现有文化旅游资源，建设旅游景区，以旅游驱动为主导，打造军垦农旅特色区。将农业定位为战略性支柱产业，以旅游业协调发展，推动农业旅游特色化发展，能直接拉动交通运输、商贸服务、食宿娱乐、文化体育等"泛旅游产业"的发展，能促进一、二、三产业的优化升级，对促进城乡统筹发展、推动五团（沙河镇）新型城镇化进程、带动广大兵团军民和驻地群众脱贫致富。

城市公园

公园运动场所

第一拱桥

城市河道

四、编制过程

(一) 项目背景

  在杭州卓越旅游规划设计院有限公司接到《五团（沙河镇）旅游扶贫试点村规划》通知后，积极成立"旅游扶贫示范村规划小组"，于《关于开展"三区三州"深度贫困地区旅游规划扶贫公益行动的通知》（旅办发〔2017〕345号）文件精神，并结合党的十九大以来党和国家对于生态文明建设的不断深入，乡村振兴战略及精准扶贫相关理论与实践研究的持续开展，结合此次对口帮扶——五团（沙河镇）的实际情况，提出了立足基底资源，充分发掘其生态旅游潜力，结合当地特色资源，以实现村镇的整体脱贫并助力于激发村镇活力，提高村民收入水平及生活幸福感。

城市公园

（二）案例研读

项目组从浙江安吉鲁家村、新疆可可桥村等黎传统村落规划研究出发，在充分讨论与学习基础上，从中吸取关于美丽乡村建设、村庄社会经济发展以及实现乡村振兴的规划经验，以对五团（沙河镇）旅游扶贫专项规划提供有益的思考。

1. 浙江安吉鲁家村

鲁家村开始推行集体土地流转，鲁家村以"公司+村+家庭农场"模式，启动了全国首个家庭农场集聚区和示范区建设，将美丽乡村田园综合体"有农有牧，有景有致，有山有水，各具特色"的独特魅力呈现给世人。

因地制宜打造了18个各具特色的家庭农场，鼓励本村现有农户扩大产业，比如种植白茶，种植铁皮石斛，饲养野猪、野山羊等；同时通过社会招商吸引外部资本和专业机构投资运营，带来乡村旅游的繁荣，带动村民增收致富。

2. 新疆巴轮台县可可桥村

可可桥村距离老草湖、胡杨林等自然风景区较近的地理优势，加快发展生态的、民俗的高端特色旅游业。成立合作社，推动发展以甜瓜、小山羊、土鸡为特色的种养殖业，形成特色农产品品牌，大力发展特色种植业、养殖业和相关经济产业，逐步提高贫困兵团军民和驻地群众脱贫致富能力，发展特色鲜明、附加值高、脱贫致富效果好。可可桥村的可复制性：（1）有一定农业基础，发展以农业为核心吸引力的农业旅游潜力高。（2）适宜导入社会资本，村民持股，通过公司经营科学规划与管理旅游资源。（3）原生态、无污染的养殖、种植模式，自然纯朴的农村生活方式对城市人群易产生较高的吸引力。（4）村民多种收入方式：农家乐+民宿+景区工作+农产品加工。

（三）规划启示

（1）坚持政府引导、农牧民自愿，在加大政府支持力度的同时，充分尊重农牧民群众的意愿，启发和帮助农牧民处理好当前利益和长远利益的关系，务求工作实效。

（2）坚持经济适用。要从客观实际和现有条件出发，既要适合农村特点，坚持勤俭节约、降低成本，又要把建筑新材料、新技术的应用有效结合起来，达到房屋内部功能齐全、附属设施配套、整体符合抗震、节能的要求。

（3）坚持地域特点。要讲究整齐美观，又要突出地方风格特色，对当地历史文化元素的挖掘和吸收，以现代科学设计的理念赋予安居工程以浓郁的地方特色，在解决兵团军民和驻地群众住房问题的同时，为今后发展旅游产业创造条件，充分发挥安居工程的综合效益，做到切合实际、符合兵团军民和驻地群众意愿。

（4）坚持统筹兼顾，突出重点，结合新农村建设，科学规划、分户实施，把规划落实到村到户。本着安全、经济、适用、美观的原则，落实节能、节地、节材的要求，体现乡村特色。

（5）坚持统筹安排、协调发展。把实施"安居富民"工程与农村公共基础设施建设结合起来，与农村人居环境综合治理结合起来，促进农村面貌整体改善。

（6）积极扶持农村发展的各项资金和优惠政策，抓住援疆建设的大好机会，加强与援助方的协调沟通，形成推进"安居富民"工程建设的合力。

（7）保存村庄风貌是重点。村庄风貌是乡村规划的重点，保存村庄整体风貌并进行改造提升，有助于扩大村庄社会影响力，也是区别于其他村庄规划的特色所在。

（8）产业发展引导是核心。村庄规划的目标是通过科学的规划手段提升村庄的环境质量，引导产业经济发展，从而提高村民的生活质量，提升村民的归属感与幸福感。因此，村庄规划中产业经济发展引导是实现村民脱贫、乡村振兴的核心内容。

（四）实地调研

通过项目组几天的实地调研活动，现场踏勘、基础资料收集、相关文献查阅等基础调查手段，取得了有关本项目的第一手资料，为后续规划设计的开展奠定了良好的基础。

通过现场调研、基础资料的整理，总结出五团（沙河镇）面临的问题：

（1）基础设施建设滞后；

（2）市场体系不健全；

（3）产业结构不完善；

（4）旅游要素不全，缺少专业机构和人才；

城市公园

居民居住小区景观

城市公园

流沙河中苏合作水电站

（5）旅游业的发展处于起步阶段，资源优势无法有效发挥；

（6）民族连队经济与社会发展滞后、差距较大；

（7）农业质量差、产出低，兵团军民和驻地群众增收难。

以上客观存在的问题导致五团（沙河镇）普遍贫困，加之村民受教育程度低、生产技术落后等自身主观因素，进一步加剧了村庄的贫穷落后，因此，村庄规划应以产业发展引导为核心，在村庄环境整治、基础设施完善的基础上，充分发掘村庄自然资源与文化底蕴的潜力，推动农民精准脱贫，激发乡村活力，实现乡村振兴，提升村民的幸福感与归属感。

五、实施情况

（一）设计产品体现

依托五团（沙河镇）独特的旅游资源，按照系统性构建、主题性突出、多样性设置和可控性调剂的原则，在旅游品牌形象定位的指导下，将五团（沙河镇）旅游产品体系规划为"一个目标、三大主题、五大方向"。

一个目标：乡村扶贫振兴。

三大主题：生态观光休闲游、军垦农业种植游、荒野运动体验游。

五大目标：观光旅游、生态休闲、军垦文化、养生度假、乡村旅游。

首先，应根据五团（沙河镇）旅游资源的状况，深入挖掘旅游文化内涵，同时兼顾主要客源市场消费需求来制定开展旅游发展方向。其次，针对五团（沙河镇）现有旅游产品结构的不足之处予以重点调整，打造民族乡村旅游的吸引力和竞争力；最后，旅游产品体系构建在保留军垦文化的同时应突出乡村旅游特色。

（二）实施机制

1. 民众参与机制设计

通过基础建设保留当地原有生态特色，通过上级精神完善精准扶贫工作目标，并根据五团（沙河镇）现有资源来调整产业结构，通过实施旅游产业转型带动致富创收，并继续做好驻地军民文化及环境整治等工程建设，从而增加营收，实现全面脱贫致富。

2."三换"盘活集体经济

通过资金换股金，让分散的资金聚集起来；资源换股权，通过以耕地、林地等资源换股权的方式，引进投资商在五团（沙河镇）投资开发项目，让闲置的资源盘活；土地换股份，改变收取固定租金的单一模式，积极探索"土地换股份"的流转创新模式，其收入让兵团军民和驻地群众实现更大营收。

3."三变"鼓励村民参与

鼓励村民变股民，让民间资本融到集体经济，推动五团（沙河镇）军民与群众的参与积极性，使兵团军民和驻地群众增加就业机会的同时，解决驻地贫困人口就业；军民农房变旅馆，激励军民参与旅游开发，利用有当地特色的闲置农房开发客栈、民族家园、亲子乐园、传统作坊等收益性项目，推动旅游项目致富。

4."三加"精准带动脱贫

创新利益联结机制，实施"公司+合作社+贫困户"精准带动脱贫模式。建立公司与合作社、合作社与贫困户利益联结机制，实现贫困户与产业发展挂钩，通过全力帮扶，支持有效供给，推动运营与政策的精准挂钩。

（三）项目建设

1. 布局合理

科学合理布置生产、居住用地，实现生活与村庄等级相匹配的公共服务设施；建筑风貌进一步得到统一，新建、改造住宅按照设计导引进行建设。

2. 经济增收

调优村庄种植结构，优化种植作物品种，将传统种植改为特色果林种植，建设养殖小区，实现畜牧养殖集中制，并成立以五团为中心的村庄种植、养殖专业合作社，从而促进当地军民群众增收。

3. 设施完善

近期提高农业种植条件，完善农田灌排系统，提高田林道路通达性；实现五团（沙河镇）主干路特色化，社区主要街道绿化、亮化工程；环卫清运人员、设施配套、制度完善，生活垃圾实现分类集中收集、集中处理；全天集中供水。

4. 环境改善

建设和改造五团（沙河镇）所辖社区文化活动广场和道路环境，做好绿化景观的维护，按序改造和注重道路两侧绿化。

5. 近期建设

做好环境整治改善工作，确保基础设施完善，以使规划中的项目建设落实到位。重点确定近期建设项目的位置、规模、投资，并改善军民和驻地群众的生产生活环境。同时将规划中的项目分年度进行计划与执行，争取该旅游扶贫规划中各项目按计划实现。

第十四师一牧场一连和二二五团拉依苏村旅游扶贫规划案例

北京河沙旅游文化有限责任公司

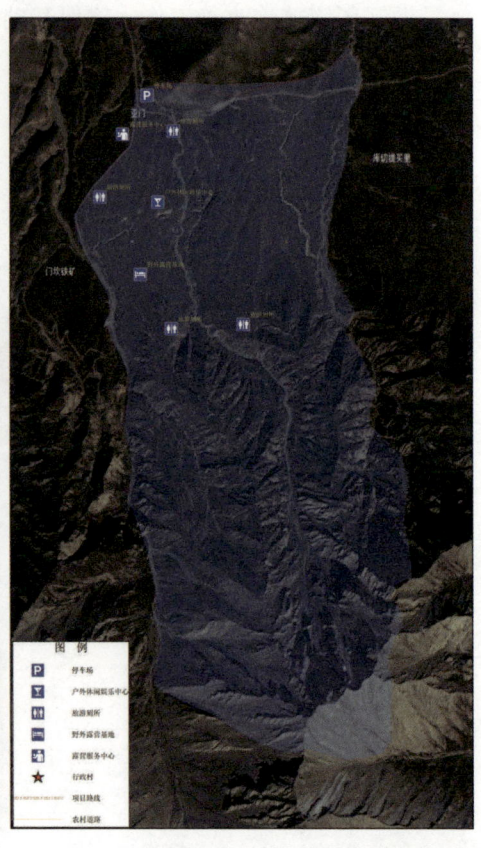

一牧场一连高程示意　　一牧场一连项目区域示意——野外露营基地

新疆
第十四师一牧场一连和二二五团拉依苏村旅游扶贫规划案例

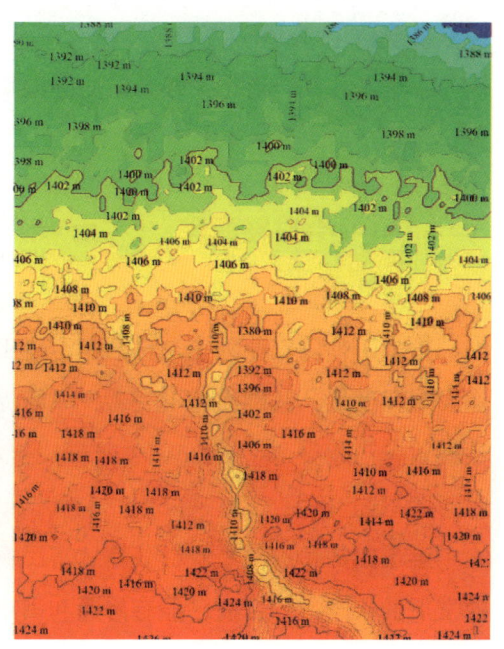

一牧场一连高程图　　　　二二五团拉依苏村高程图

一、村情概况

（一）基础分析

新疆生产建设兵团第十四师位于新疆和田地区，恶劣的自然条件是当地贫困的重要影响因素。

1. 地形

和田地区地势北低南高，最低海拔 1050 米，最高海拔 7167 米，绿洲面积达 9730 平方公里。南部昆仑高山峰峦重叠，山势险峻。由于气候干燥，荒漠高度一般达 3300 米，个别地段可达 5000 米。在昆仑山与喀喇昆仑的地理分界处形成高山湖泊。和田地区自山麓向北，戈壁横布，南倚昆仑，北临瀚海，地处昆仑山与塔克拉玛干沙漠之间的绿洲平原之上。

231

2. 气候

春季多沙暴，夏季炎热，秋凉降温快，雪少冬不寒，全年多风沙，降水稀少，光照充足，热量丰富，无霜期长，昼夜温差大。

（二）社会发展现状

1. 产业现状

第十四师以农业为主，村落有卫星工厂，使贫困群众就近就地就业，服务业发展程度低，基础设施不完善，只能提供基础的旅游观光服务，为粗放型发展模式。

2. 区位交通

第十四师积极开展农村公路"富民畅通"工程，使农村公路建设进入了高速发展的快车道。目前已经有修通和田市到村落的省道，极大地方便了村落村民的出行和生活，村落与外界的连接主要靠公路出行。

3. 旅游资源

第十四师两村落自然资源以冰山、沙漠、沙丘、山地和绿洲等风土地貌为主。总体来看，两个村落均坐落在昆仑山脚的绿洲平原之上，不同于平原地区的城市风光，山地、沙漠、绿洲等独特自然风光，凸显浓郁的异域风情。文化资源以民族歌舞和独特的民俗风情为主。和田是有名的歌舞之乡，最著名的是于阗乐舞。民俗风情包括在和田广大的农村牧区极为普及的刁羊和摔跤等。除此以外，维吾尔族桑皮纸制作技艺也在这两个村有所流传。

4. 人口情况

一牧场一连全村总人口326人，建档立卡贫困户数5户，贫困人口19人，拉依苏村农户872户，总人口2905人，其中汉族11人，维吾尔族2893人，柯尔克孜族1人。

此外，拉依苏村是长寿村，村中老人较多，其中60周岁以上的老人有167人，80周岁以上的老人超30人，90周岁以上的老人16人，百岁老人有7人。

是由世界长寿之乡考察团实地考察后定为的"世界第四大长寿乡"。

5. 贫困原因

（1）劳动力严重不足，村落人口以妇女、老幼为主。

（2）以粗放型经济发展模式为主，没有强有力的支柱产业。

（3）自然条件相对恶劣，不利于经济的发展。

二、规划思路

（一）规划定位

综合考量新疆生产建设兵团第十四师一牧场一连和二二五团拉依苏村现有的旅游资源以及可打造的旅游要素，分别将其赋予"六玉昆仑"文化内涵，即一牧场一连为"圣洁之玉"，主要以一牧场一连现有的自然风光以及旅游资源为基准，依托昆仑雪山和昆仑峡谷的自然风光，突出户外旅游、生态旅游、休闲旅游概念，成就圣洁昆仑。二二五团拉依苏村为"五福之玉"。"五福"原出自《书经》和《洪范》，第一福是"长寿"，第二福是"富贵"，第三福是"康宁"，第四福是"好德"，第五福是"善终"，村落现存的历史文化积淀、饮食文化以及自然环境，都十分适合休闲康养，因此，以"长寿村"为主线，深挖养生秘诀，成就五福昆仑。

（二）发展方向

（1）以生态为基础，科技为支撑，提高区域生态文明程度，建设旅游精品，实现"旅游兴疆"；

（2）策划重点项目，配套基础设施和保障措施，指导贫困村旅游发展和精准扶贫；

（3）提升村庄面貌，提高村民生活质量，让当地居民共享旅游发展成果；

（4）坚持产业融合，提升产业竞争力，提升消费，推动区域经济一体化发展。

（三）扶贫规划

围绕自然风光和康养文化，新疆生产建设兵团第十四师两村旅游扶贫规划主要围绕以下几方面开展：

1. 户外休闲体验

开发昆仑山户外体验活动，以昆仑山雪山和昆仑山峡谷为中心，辐射周边建设昆仑山户外体验基地。配套建设野外露营基地、露营服务中心和服务设施。打造南疆别具一格的野外露营基地，快速链接户外旅游爱好者，同时又宣传了新疆的自然风光。

2. 乡村文化体验

围绕"农耕文化"，打造有机农场采摘园、"城市农民的私家菜园"和农耕文化互动体验区。游客们可以享受播种、管理、收获和享用的全过程乐趣，找回农耕时代的记忆。

结合"长寿文化"，以新疆生产建设兵团第十四师二二五团拉依苏村村落整体为载体，通过完善老村长旧物纪念馆功能，丰富老胡杨祈福树内涵等方式，全方位打造长寿村体验基地，打造特色长寿小镇。

3. 休闲度假住宿

在拉依苏村居民居住集中区选择合适地点，将废弃的老房子改造成兼具怀旧色彩和现代设计理念的栖息之所，建造主题特色民宿，打造"长寿"休闲园。设计风格是在保有村落原汁原味老民居的基础上，对床位设置、卫浴系统等基础设施进行现代化的改造，在提供日常生活便利服务的基础之上，让游客充分体验拉依苏村的生活节奏和民俗氛围。

4. 生态娱乐休闲

打造湿地生态娱乐休闲园，建设内容包括基于昆仑雪山的雪融水打造的水库游憩娱乐园、湿地生态观赏园、湿地生态娱乐休闲园服务中心。以生态湿地教育与体验活动为主要内容，展示湿地景观特性，融合体验式科教。

新疆

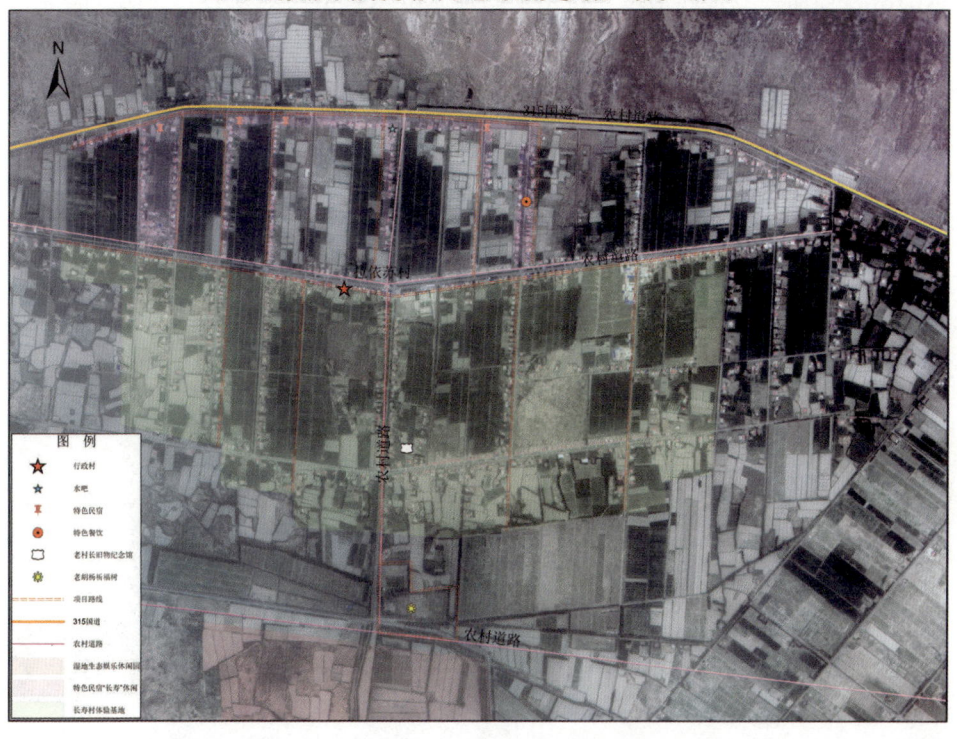

第十四师一牧场一连和二二五团拉依苏村旅游扶贫规划案例

二二五团拉依苏村长寿村体验基地

5. 农业观光体验

在现有居民居住房原址上进行整体性改造，对旧民居的外墙设计采取整齐划一的设计风格，同时对自来水工程和厕所进行改造。让游客在充分体会古村落古朴、纯真、宁静的生活气息外，使居住屋成为村落乡村旅行的内置要素，与其他景点区自然融合，更好地凸显旅游度假和休闲生态的旅游概念。

（四）方案生成

1. 空间布局

（1）旅游功能分区

经过综合分析开发区域内部的区位交通、资源分布等情况及客源市场需求与游客感知等多方面信息,将第十四师旅游扶贫格局划分为"一地一园"和"一地两园"空间结构。

"一地一园"属一牧场一连,"一地"指昆仑山户外体验基地,"一园"有机农场采摘园;"一地两园"属二二五团拉依苏村,"一地"指长寿村体验基地、"两园"指"长寿"休闲园和湿地生态休闲娱乐园。

(2)基于村落实际情况,设计一条主旅游线路。"一地一园"或"一地两园",行程均可以在2~3天内完成。

(3)完善公共服务体系,包括旅游交通服务、旅游咨询服务、旅游标示引

一牧场一连项目区域示意——有机农场采摘园和旧屋改造工程

二二五团拉依苏村项目区示意

导系统、旅游环卫设施、智慧旅游系统、旅游安全规则。

2. 精准扶贫

通过引导社会资本投入、各级财政资金配套、农户参与机制设计、旅游扶贫业态策划、开展旅游人才培训、对贫困户精准指导等方式实现精准扶贫。

3. 市场推广

（1）六村合一，打造统一对外宣传窗口；

（2）专事专办，为"援疆号"打造主题式服务营销；

（3）开发特色产品，打造特色旅游节庆；

（4）打造"互联网＋宣传"，全线打通新媒体营销；

（5）玩转视频营销，即时互动身临其境；

（6）明星真人秀，综艺节目带动流量。

4. 保障措施

（1）加强组织领导；

（2）依法管理监督；

（3）制定科学规划；

（4）培养引进人才；

（5）创新运作模式；

（6）发展旅游电商。

三、主要特点

尽管地理位置、气候等自然条件成为第十四师两村致贫的一个重要客观因素，但独特的自然风光也给了第十四师两村发展旅游业得天独厚的条件和潜力，可善加利用。

拉依苏村虽然老人居多，但也成就了其"世界第四大长寿乡"的美誉，可利用其"长寿文化"作为内核进行旅游产品包装。

村落大多基础设施落后，利用旅游扶贫项目，在带动就业的同时，改善居民生存环境。

四、编制过程

（一）项目背景

为贯彻落实中共中央办公厅和国务院办公厅《关于支持深度贫困地区脱贫攻坚的实施意见》（厅字〔2017〕41号）精神，实现中华民族伟大复兴，打好扶贫攻坚战，北京河沙旅游文化有限责任公司迅速成立"旅游扶贫规划组"，在充分研究原国家旅游局办公室关于《关于开展"三区三州"深度贫困地区旅游规划扶贫公益行动的通知》（旅办发〔2017〕345号）文件精神的基础上，结合党的十九大以来党和国家对乡村振兴战略相关理论与实践研究的基础，开展了对新疆生产建设兵团第十四师一牧场一连和二二五团拉依苏村的调研工作，充分了解现有扶贫政策和当地旅游发展现状，以新疆生产建设兵团第十四师现有资源为基础，借助旅游这一战略支柱产业，在乡村振兴战略、精准扶贫、旅游扶贫等理论和实践的指导下，以加快新疆生产建设兵团第十四师旅游发展，实现精准扶贫为总目标，编制了新疆生产建设兵团第十四师一牧场一连和二二五团拉依苏村旅游扶贫专项规划。

（二）实地调研

通过前期准备，项目组深入第十四师一牧场一连和二二五团拉依苏村开展实地调研工作。通过基础资料收集、文献查阅、现场勘探、村民访谈等调查手段，掌握了翔实的社会发展现状资料，对第十四师一牧场一连和二二五团拉依苏村的产业现状、区位交通、旅游资源、人口情况等有了充分的了解，在此基础上，对村落致贫原因进行了深入分析，为下一步规划编制奠定了良好的理论基础。

新疆
第十四师一牧场一连和二二五团拉依苏村旅游扶贫规划案例

其中，一牧场位于塔克拉玛干沙漠以南昆仑山北坡，距农十四师师部所在地和田市210公里，距策勒县110公里，地处策勒县的恰哈、努尔、波斯坦、乌鲁克萨依四乡之间，西与和田接壤，北邻策勒。气候特征是：四季变化不很明显，昼夜温差大，风向不同，白天盛行西北风，夜晚为西风，分山上，山下两个不同的自然区域，山上有四个牧业连队即牧一连、牧二连、牧三连、牧四连，主要以牧业为主，山下有农业队，机关、学校和医院，是以维吾尔族为主的多民族聚居区。

二二五团拉依苏村位于田县境内，西距和田市145公里，东离于田县城35公里，位于国道315南北两侧，交通来往非常便利。土地面积约5万亩，拉依苏村旅游资源开发程度低，主要分布的旅游资源有长寿村、水域、古遗址等。

一牧场一连调研现场

239

五、实施情况

（一）基于因地制宜的功能分区

1. 划分原则

以市场为导向，以产业融合为基础，在贫困村区位交通、基础设施、自然环境、文化遗产等现状基础上，以可持续发展为前提，以旅游发展为切入点，让游客和当地居民共享旅游发展成果，实现人与自然、人与社会、人与人的和谐共生。

2. 划分依据

根据开发区域内部现有生态资源、人文景观、文化遗产等要素，结合对客源市场的需求分析，因地制宜将第十四师拉依苏村和一牧场一连旅游扶贫格局按主题进行功能划分。其中，拉依苏村"一地两园"的空间结构布局以"长寿"

二二五团拉依苏村调研现场

为核心，旨在打造集休闲康养和观光旅游为一体格局；一牧场一连"一地一园"的空间结构布局以"体验"为核心，结合当地的自然风光和人文景观，旨在打造"人与自然和谐共处"的旅游新体验。

（二）基于保护性开发的项目设计

1. 项目设计原则

以轻开发、巧开发、深挖掘、重保护为设计原则，以社会稳定、经济发展、文化传承、生态保护为方向，本着实用第一、效率优先、突出特色、留住"乡愁"的原则，充分尊重第十四师连拉依苏村和一牧场一连的自然、历史、文化，在保护性开发的前提下，实现旅游富民。

2. 项目设计特点

（1）拉依苏村：以"长寿文化"为主题，充分挖掘和利用"世界第四长寿乡"这一称号，将"长寿"的概念往纵深方向发展，通过赋予当地建筑、植物、食物等新的意义，构建"长寿"文化规模效应，实现将拉依苏村的文化底蕴和自然环境转化为"长寿小镇"的金色招牌。

（2）一牧场一连：以"体验自然生态"为主题，依托昆仑山脉和当地草原牧场，横向发展不同类型的户外体验和生态旅游项目。通过野外露营、农产品采摘、农耕文化体验等项目，将一牧场一连的自然风光巧妙地转化成旅游资源，打造生态养生和运动竞技相结合的旅游村。

3. 预期目标

（1）近期目标：借助旅游精准扶贫相关政策红利，根据村落旅游路线规划，预计到2020年，拉依苏村和一牧场一连旅游产业主要经济指标实现翻番。

（2）中远期目标：到2035年，将拉依苏村打造成为全国知名"长寿小镇"，长寿产业得到更充沛和多元的发展；将一牧场一连打造成为户外竞技运动爱好者和生态旅游爱好者在新疆首选目的地。旅游产业主要经济指标增速加快，实现旅游接待人数、旅游收入、人均收入实现翻番，实现全部脱贫。

责任编辑：刘志龙
责任印制：闫立中
封面设计：中文天地

图书在版编目（CIP）数据

"三区三州"旅游规划扶贫公益行动优秀规划案例选编 / 文化和旅游部资源开发司编 . —— 北京：中国旅游出版社，2019.11
 ISBN 978-7-5032-6386-6

Ⅰ.①三… Ⅱ.①文… Ⅲ.①不发达地区 – 旅游规划 – 作用 – 扶贫 – 案例 – 汇编 – 中国 Ⅳ.① F592.1

中国版本图书馆 CIP 数据核字（2019）第 247554 号

书　　名：	"三区三州"旅游规划扶贫公益行动优秀规划案例选编

作　　者：	文化和旅游部资源开发司　编
出版发行：	中国旅游出版社
	（北京建国门内大街甲 9 号　邮编：100005）
	http://www.cttp.net.cn　E-mail:cttp@mct.gov.cn
	营销中心电话：010-85166536
排　　版：	北京中文天地文化艺术有限公司
印　　刷：	北京工商事务印刷有限公司
版　　次：	2019 年 11 月第 1 版　2019 年 11 月第 1 次印刷
开　　本：	720 毫米 ×970 毫米　1/16
印　　张：	15.75
字　　数：	218 千
定　　价：	69.00 元
ISBN	978-7-5032-6386-6

版权所有　翻印必究
如发现质量问题，请直接与营销中心联系调换